授業案作成と授業実践に役立つ

特別支援学校の授業づくり基本用語集

太田正己著

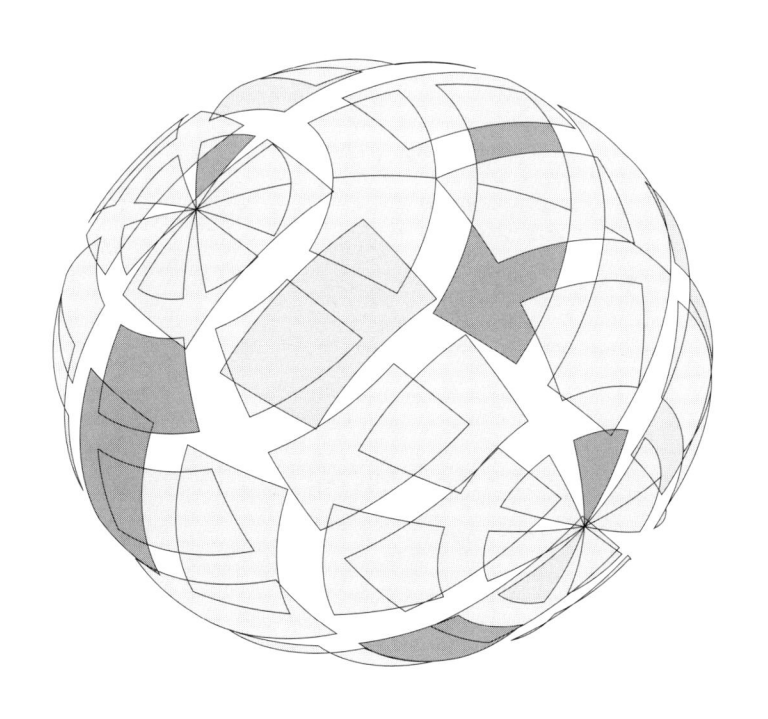

黎明書房

はじめに

　2007年4月，特殊教育から特別支援教育へと障害児教育の制度がかわった。特殊教育諸学校（盲学校，聾学校，養護学校）が特別支援学校と呼ばれるようになった。このような変化の中でも，教師は，常にかわらずこれから実践する授業をよりよいものに変えていく努力をしていかなければいけない。

　筆者が研究授業を参観させていただくとき，授業案が必ず提供される。このことは，授業研究会では一般的なことである。授業者がその授業案を作成するのに苦労したという話も，しばしば聞えてくる。授業を創造するときに苦労するのは当然であるが，何よりも授業案が書けないらしい。いただいた授業案を読めば，その大変さがよくわかる。筆者は，授業研究者の立場から，その状況を改善したいと思う。そして，よりよい授業が創造され，実践されることを願っている。
　授業案作成から授業実践へ，さらにはその振り返りという授業づくりの過程において，教師が苦労する原因は種々ある。そのなかに授業づくりの基本用語の理解にまつわることもある。このことを解決することは，それほど難しいことではない。そのためには，基本用語に関心を向けることである。
　そこで，本書では，特別支援教育における授業づくりに取り組むとき，教師が基本的な知識として知っておきたい事柄を基本用語という形で取り上げた。本書では，その項目をアルファベットやあいうえおの順序ではなく，授業案を書く場合の順序を意識しながら並べた。したがって，授業案作成という視点から項目間の関連性を考えて編集してある。

やはり学校での教育実践の中心には授業がある。教師の専門性の中核には授業力がある。そうであるからこそ，特別支援教育への変革をひとつの契機として，先生方は長年行ってきた授業を見直してほしい。そのために，日々の授業実践を語るとき，これまで自明のこととしてきた授業に関する用語を検討することもひとつの方法である。まさに授業力を高め，教師の専門性を高めるひとつの方法である。そうすることで，よりよい授業がつくり出される。よりよい実践が生み出される可能性が高まる。筆者は，そのように考えている。

　人が2人以上いるところでは，そこにいる人と人との間で「教える―学ぶ」関係が容易に成り立つ。例えば，駅で電車を待つ2人の男性がいる。話が昨日の早朝野球におよび，カーブをホームランしたことにおよんで，カーブの打ち方を教授することになる。ここでは，バッティングを教える話になっている。一人がバッティングを教え，他方が教わるのである。この関係は，授業の基本構造である「教授―学習」構造になっている。教師としての特別な専門的な知識や技術なくしても，人が2人集まれば，「一方が教え，他方が学ぶ」ということは行われるのである。これは，大人に限ったことではない。したがって，誰でも，教室に入り，教えることはできるのである。
　教えることに関して，専門的な知識や技術を持っていなくても，教える役を務めることはできる。さらに，学ぶことは，教えられなくても行われる。憧れの人を真似て行動する。そこには，直接その人から教えを受けることはなくても，真似るという学ぶことが起こる。赤ちゃんは，教えることはしない。けれども，赤ちゃんに接して学ぶことも多い。
　しかし，教師は，授業において，意図的に「教える―学ぶ」関係をつくり，専門的な知識と技術において，子どもの学ぶことを導いていく仕事をしている。教師が子どもとの間に展開する「教える―学ぶ」関係は，

はじめに

教材によって媒介されることで授業として行われる。教師の仕事の中心は，授業である。

　「教える―学ぶ」関係が2人以上の人間の間に成り立つゆえに，教育実習生もそれなりに授業を行い，初任の教師も授業をつくることはできる。しかし，よりよい授業をつくるためには，授業のどこをどのように改善し，工夫をするのかを把握することが必要である。
　ベテランといわれる教師でも，授業の知識や技術を持たなければ，よりよい授業はできない。
　それゆえ，授業に関する知識と技術を深めることによって，よりよい授業づくりが可能になる。授業に関する知識と技術を深めることによって，教師は，真に教師になる可能性が高まるといえるだろう。

　本用語集は，授業に関する用語のうち，基本となるものを集めてある。読者である先生方や教職を目指す人たちが，これを読むことで，自らひとつひとつの基本用語を検討する資料になれば，著者としてはありがたい。そのことによって，授業の力量を高める手助けになることがあれば，著者の望外の喜びである。

　最後に，出版の度にお世話をかけている黎明書房社長武馬久仁裕さん，編集部斎藤靖広さんに感謝いたします。

　　　平成20年3月20日　春分の日に
　　　　　　　　　　　八科峠近く書斎に風の音を聴きつつ
　　　　　　　　　　　　　　　　　　　著者記す

目　次

はじめに　1

基本用語1　授　業 ……………………………………………… 11

　　授業という自覚　11
　　教授―学習過程　11
　　おやつ学習　12
　　教材の工夫　13
　　相互の主体性　14

基本用語2　教　材 ……………………………………………… 15

　　主な教材　15
　　教材の存在　15
　　教材・教具　16
　　教材の選択　17
　　教材へのかかわり方　17
　　教材解釈　18

基本用語3　単元学習 …………………………………………… 19

　　単元学習　19
　　生活単元学習の指導計画　20
　　学習内容の有機的なひとまとまり　20

目　次

　　生活単元学習の定義　21
　　単元学習の意義　22

基本用語4　題材学習 ……………………………………… 23

　　題材学習　23
　　遊びの指導の目標　24
　　題材学習の指導計画　26

基本用語5　授業案 ………………………………………… 27

　　授業案の名称　27
　　方法書　28
　　授業案作成の意義　29
　　授業者自身のために　30
　　授業案の構成項目　30
　　本時案の作成方法　31
　　「実態と目標」の記述　33

基本用語6　授業力 ………………………………………… 35

　　授業づくり　35
　　教師の働きかけ　35
　　授業を具体化する力　36

基本用語7　授業研究 ……………………………………… 38

　　授業研究の一場面　38
　　ロマン・プロセス法　38
　　ロマン・プロセス法の段階　39
　　授業研究の二側面　40

授業力の向上　40
  授業案の読み取り　41
  授業研究のプロセスから学ぶ　42
  語り合う難しさ　47

基本用語8　授業者の意図　……………………………………… 49

  授業者の意図　49
  ある授業の展開　50
  授業目標の表記　51
  授業の手だて　51

基本用語9　特別な教育的ニーズ　……………………………… 53

  教育的ニーズ　53
  特別な教育的ニーズ　54
  障害と特別な教育的ニーズ　54

基本用語10　学習上の特性　……………………………………… 56

  授業の三角形モデル　56
  学習上の特性　56
  学習上の特性の捉え　57
  授業目標の違い　58

基本用語11　単元（題材）設定の理由　………………………… 59

  単元か題材か　59
  児童観・教材観・指導観　59
  記述の順序　60

目　次

基本用語 12　授業目標 ……………………………………… 62

題材目標　62

本時の目標　62

授業目標　63

具体的に書く　64

目標記述の再考　65

基本用語 13　指導計画 ……………………………………… 66

単元の指導計画　66

教育計画　66

指導計画　66

有機的なつながり　67

基本用語 14　教授行為 ……………………………………… 69

教師の働きかけ　69

教授行為　69

代表的な教授行為　70

言葉かけ　70

発問　71

視覚化　72

写真の提示　73

ゆさぶり　74

ゆさぶりの場面　74

イメージ　75

基本用語 15　学習活動 ……………………………… 77

　学習行為　77
　ある授業　77
　教材解釈　78
　認識のズレ　79

基本用語 16　指導上の留意点 ………………………… 80

　的確な指導の手だて　80
　指導上の留意点　81
　授業者の専門性　81

基本用語 17　実態把握 …………………………………… 83

　目標準拠のアセスメント　83
　授業の中でのアセスメント　84
　アセスメントの内容　84
　子どもの状態像を捉えるアセスメント　85
　アセスメントの実施者の違い　86

基本用語 18　授業評価 …………………………………… 88

　本時の評価　88
　授業目標と評価　89
　教育評価　89
　目標の表記から　90

基本用語 19　授業のイメージワーク ………………… 91

　授業のイメージワーク　91

目 次

　　イメージワークのポイント　92
　　授業のイメージワークの意義　92

基本用語20　個別の指導計画 ……………………………… 94

　　授業へ生かす難しさ　94
　　文化伝達・創造　94
　　同僚性　95
　　個別の指導計画の作成　96
　　個別の教育支援計画　97
　　授業実践へ　97
　　基づく授業　98
　　長期目標と短期目標　99
　　共通の目標　100
　　生かす授業　101

基本用語21　授業記録 ……………………………………… 102

　　書き方　102
　　一連の事実の記録　103
　　意図の読み取れる記録　103
　　意図の読み取り　104

その他の用語 ………………………………………………… 106

　　遊びの指導　106
　　学習指導　106
　　学習指導要領解説　106
　　教科書　107
　　教科別の指導　107

教材解釈　107
　　教授―学習過程　108
　　作業学習　108
　　授業研究会　108
　　授業批評　108
　　生活指導　109
　　生活単元学習　109
　　特別支援学級　109
　　特別支援学校　110
　　特別支援教育　110
　　バザー単元学習　111
　　領域・教科を合わせた指導　111

おわりに　113

〈資料〉授業案書式（例）　114

基本用語

１　授　業

授業という自覚

　特別支援教育，特に知的障害児の教育は様々な形で展開されている。取り組みを行っている教師の意識も，授業という自覚を持って行う場合もあれば，また，教師自らの子どもへの働きかけを治療であると考えている場合もあり，訓練であると考えている場合もある。これらは，どれも学校教育の中での取り組みである。また，言葉を換えれば，生活指導や学習指導といういい方もある。

　教育現場では，授業研究会を開いて，授業を改善しようとしている。この場合に使用される授業の計画書は，授業案よりも学習指導案と明記されることが多い。いったい授業という用語は何を意味しているのであろうか。

教授―学習過程

　まず，この用語集の最初の項目は，この「授業」という用語から考えていこう。

　授業は，教授―学習過程である。人が２人いれば「教える―学ぶ」，すなわち教授―学習過程が成り立つ。だから，まだ正規の教員ではなくても，教育実習において授業はなされることになる。いやかなり上手に子どもにかかわっている教育実習生もいる。性格や若さなど，人をひきつける要素があれば，子どもたちは実習生の言動にしたがってくれる。また，家庭でもお母さんのいうことには，特によくしたがえる場合も多い。だから，家庭でおやつの時間に，お母さんが「クッキー，いくつあ

るか数えてみて」といえば，子どもは一生懸命に数えようとする。人と人との関係の上に教授―学習過程が展開されることは確かである。

おやつ学習

　ある知的障害養護学校小学部低学年では，毎日決まった時間帯に「おやつ学習」という授業が行われていた。これは，いわゆる領域・教科を合わせた指導にあたるものである。おおまかに学習活動を挙げれば，子どもたちは，教室に集合し手を洗う，自分の席について当番の子どもが皿とおやつを配ってくれるのを待つ，みんなで一斉に「いただきます」をしておやつを食べる，お皿を片付ける，というものである。

　領域・教科の内容を合わせた指導であるから，学習内容は，手を洗う，おやつを配られるのを待つ，みんなに合わせて「いただきます」をする，などの生活科の内容から，お皿やおやつを配る，という一対一対応や，おやつを数えるなどの数量的なものなど算数科の内容，お皿に書かれた名前を読む，おやつの名前を知る，などの国語科の内容など，いくつかの内容を合わせたものである。実際には，クッキーを配ったり，チョコレートを分けたりする。あるいは，空箱を残しておいて，数日後また同じ箱のおやつを食べて「同じ」という言葉を学習したり，お菓子の名前からひらがな文字を学んだりする。その年度によって，子どもたちの実態も違うので，取り上げる内容にも変化がある。しかし，このようなおやつを食べる活動も，授業のひとつである。

　先の話のように，おやつを数えることは，家庭でも行われている。むしろ，家庭で行われている場合のほうが多いかもしれない。小学校や特別支援学校の小学部へ入学して，初めての学級懇談会で「数を数えられるようになってほしい」と望んでいることを話されるお母さんは多い。だから，家でおやつを食べるときに，「今日は，お母さんと○○ちゃん，クッキー3個ずつね」と，お母さんは，わが子に3個のお菓子を数えさ

基本用語1　授　業

せて，皿に入れさせることをしている。その場に兄弟がいれば，3枚の皿を並べて，クッキーを1個ずつ対応させることを行わせるかもしれない。おやつ学習でも，配る人数に違いはあっても，皿とクッキーを一対一対応させて配る活動をすることは同じである。教師も母親も，子どもが数を数えるようになってほしいという願い（ねらい）は同じである。

教材の工夫

　では，このようなおやつを配る活動はどちらも授業といえるであろうか。教師が行うから授業であるというわけではない。しかし，教師が授業として行う限り，その活動を行う背景には，専門的知識を持ち，ねらいに迫るために持っている様々な手だて（方法）から選んだひとつの手だてを駆使した活動であってほしい。そして，教師は，この授業のためにおやつやお皿を教材として考え抜き，選んで取り組んでいるのであってほしい。ねらいも漠然としたものではなく，これまでのその子どものでき具合から次のステップとして具体的に，教師の頭の中に描かれているはずである。

　A君が，家での夕食のお手伝いで，家族がいつも座る場所のテーブルの上に，それぞれに異なるお茶碗やおはしを，お父さんのお茶碗，お母さんのお茶碗，お兄ちゃんのお茶碗，僕の茶碗と配って，次に，お父さんのお箸……などと間違いなく配り終えた。その話をお母さんから聞いた担任教師は，さっそくおやつ学習で，紙のお皿をA君に配らせてみた。けれども，A君は学級の子どもたち一人ひとりへはうまく対応させて配れなかった。

　担任は，授業で一対一対応の授業を行うとき，家で配れても学校では

配れないんだよな，と簡単にあきらめたり，繰り返してやればそのうちにできるようになると考えたりするだけではいけないのである。

　よりよい授業をつくるためには，例えば，教材を検討することである。お父さんにいつものお父さんの茶碗，お母さんにいつものお母さんの茶碗を配っていくことと比べると，どれも同じ紙の皿を配っていくことは，一対一の対応の力でもさらに高い力を必要とするのである。どれも同じ紙の皿をクラスメイトに配るのは，お父さんとお父さんの茶碗という特定の，固有の関係の上で成り立っている一対一対応ではないのである。もし，クラスメイトが一人ひとり違った連絡帳を持っていたとしよう。A君は，それは配れるかもしれない。

　一対一対応は，お父さんとお父さんの茶碗という具象レベルからどれも交換可能な白い碁石と黒い碁石という，より抽象度の高いレベルへ，そして個物と数字と数唱という抽象レベルへ発展していくのである。

相互の主体性

　教師は，どのような教材・教具を使い，どのような一対一の対応の力を子どもに形成しようとしているのか，そのことを明確にして教材を自覚的に取り扱うことが授業づくりには必要なのでる。自覚的な取り組みが重要なのである。そこに，家庭での取り組みと授業との違いがでてくるのである。

　授業とは，教材を媒介にした働きかけである。しかし，その働きかけは，教師から子どもへの一方的なものではない。教師と子どもとがともに教材へかかわるという相互の主体性を大事にした働きかけ合いを意味しているのである。

〈文献〉
(1)　太田正己（2006）『特別支援教育の授業づくり46のポイント』黎明書房

基本用語

❷ 教　材

主な教材

　小学校や中学校で主な教材といえば，教科書である。だから，特別支援教育を受けている場合にも，教科書が中心になされるような授業の場合には，主な教材は教科書であるといえる。

　知的障害の教育においては，机の上に教科書を開いて行われる授業は少ない。遊びの指導は，運動場の砂場で行われる場合もあれば，学校の近くの公園で行われることもある。ある知的障害養護学校では，校内に竹やぶがあり，そこに先生たちと子どもたちが作り上げた遊び場があり，木の枝からぶら下げられたブランコが揺れている。また竹の落ち葉を敷き詰めたすべり台がある。主に小学部の児童の学習の場になっている。

　高等部の生徒たちは，特別教室棟で学習することが多い。作業学習のためにいくつかの部屋が並んでいる。それは，窯業室や木工室，食品加工室である。ここで，教科書を開けて学習を進めるわけではない。窯業室では，実際に粘土をひねり，コーヒーカップをつくる。電動ろくろを廻してお皿を作り，絵付けをして，焼き上げる。木工室では，杉板をけずり，写真額を作る生徒の姿がある。食品加工室でも，学校祭でのバザーを目指して，クッキーを焼く生徒がてきぱきと動き回っている。

教材の存在

　ある日の午後，中学部の教室を覗いてみると，そこに生徒の姿はなかった。この時間は，学校での宿泊学習の際に食べる夕食の材料を，近所のスーパーマーケットに買出しにいっているのである。学校の近くには，

コンビニが1軒，スーパーマーケットが2軒ある。この日，教師は，Aスーパーマーケットへ生徒を連れていったのである。これは，生活単元学習の1時間である。このように，遊びの指導や作業学習，生活単元学習では，子どもたちは机の上に，教科書を開けて学習を進めることはまずない。教師も，教科書を教材とした授業を計画はしていない。

では，これらの授業では教材は存在しないのであろうか。教材が存在しなければ，授業ではない。もっともシンプルに考えても，授業を構成する要素は，教師と子どもと教材である。だから，教材の存在しない場合には，授業とも呼べないのである。

教材・教具

教材は，授業目標を達成するための文化的素材である。この文化的素材の資料的側面が教材であり，教具を分けて考えると，その道具的側面が教具である。しかし，道具的側面と資料的側面は必ずしも分けられるものではないので，教材・教具と表現する場合もあり，道具的側面も含めて教材とすることもできる。

ある養護学校小学部の授業では，教室の天井から吊り下げられた大きなブランコが教材・教具として使われていた。それは，箱型（93cm×133cm）の手作り教材・教具で床から30cmの高さにロープの4点支持で吊り下げられていた。この授業では，子どもが一人ずつ順番に教師に抱かれてブランコに乗り，小さな揺れや大きな揺れを経験する。

この子どもたちの実態は，認知発達的に見ると，12ヶ月をこえていない。また，人と関係を結ぶことに難しさを持っている。外からの働きかけを受け止めて気持ちを高め，それを表情や発声，身体の動きなどで外に向かって表現していくことが課題になっている。

したがって，ブランコの揺れと教師の抱き方から，子どもは，全身を揺さぶる心地よい揺れを楽しむのである。そのことを本時の目標として

授業が進められていた。

教材の選択

　知的障害教育においては，その授業は砂場での遊びや窯業室での皿つくり，スーパーマーケットでの買い物など，子どもたちの身体的活動を通して多く行われる。この場合には，教材は，砂場の中にあり，窯業室の中にあり，スーパーマーケットの中にある。場そのものであったり，その中のものであったりする。

　生活単元学習で近所のスーパーマーケットに買い物にいく場合，教師は，Bスーパーマーケットではなく，またCコンビニでもなく，教材としてAスーパーマーケットを選んだのである。それは，教師が事前にAとBのスーパーマーケットへいき，Cコンビニエンスストアにもいき，いろいろと調べてみて，Aスーパーマーケットが今回の授業で子どもたちが学ぶ学習内容をもっともよく備えていたからである。

　今回の授業で子どもたちが買おうとした品物に関して品揃えが適していた，安全が確保しやすかった，学習させたい買い物行動がやりやすい等，教材として必要な条件を他より多く満たしていたのである。

　それは，教材としての教科書の選択においてと同様の条件を満たしていたのである。竹やぶの遊び場も子どもたちが学習すべき内容を備えているのであり，窯業室や木工室，食品加工室での作業も同様である。

教材へのかかわり方

　このような教材への子どもたちのかかわり方は，教科書へのかかわり

方とは異なる。子どもの教科書へのかかわり方は読むという場合が多い。もちろん，書き写すこともあれば，計算するということもあるが，まず読むことが中心になる。

　しかし，遊びの指導では，子どもたちは砂場の砂をカップに入れてプリンを作り出すという教材へのかかわり方をする。滑り台ですべるという場合もある。生活単元学習では，スーパーマーケットで買うものを話し合う，実際に買う，買ってきた食材を調理するというかかわり方をする場合もある。作業学習では，コーヒーカップを粘土でつくるというかかわり方をするし，クッキーの型抜きをする場合もある。

教材解釈

　あるとき，「挿し木をする」学習場面を参観した。ビニールポットに土を入れて，そこに挿し木をするという学習活動であった。教師は，その土として鹿沼土やバーミキュライトを準備していた。教師の教材解釈では，その土は挿し木に適した栄養分の含んだ土だったのである。

　しかし，子どもたちの学習活動中の行動からは，土をそのようには理解していないことが見えてきた。子どもたちは，ポットに土を一杯に入れてはひっくり返していた。その土は，砂場の砂と同様にプリンを作る土に見えていたのである。それが，子どもたちの教材の捉え方であり，その理解をもとに子どもの学習活動はなされていたのである。

　授業では，教師も子どももともに教材にかかわる（研究する）。しかし，教師と子どもの教材の捉え方に大きな違いがあると，その教材を使って授業目標へ到達するような授業は難しくなる。

〈文献〉
(1)　太田正己（2006）『特別支援教育の授業づくり46のポイント』黎明書房
(2)　太田正己（2004）『特別支援教育のための授業力を高める方法』黎明書房

基本用語

❸ 単元学習

単元学習

　単元学習という名称がつくものは，特別支援教育の中では知的障害教育における生活単元学習やバザー単元学習が典型的なものである。しかし，単元学習とはどのようなものか。単元学習として授業を行う意義は，子どもたちにとってどのようなものであるか。これらのことが，教師に意識されずに行われているのが現状である。

　ある知的障害養護学校の小学部では，絵本の読み聞かせやその内容を紙芝居にして「お話を楽しもう」という単元名の生活単元学習が行われていた。生活単元学習が領域・教科を合わせた指導であるという観点からすれば，生活単元学習で取り扱う内容は，生活科の内容や国語科の内容，算数科の内容を合わせて取り上げることもできる。また，これまでの養護学校の学習指導要領解説には，単元は，実際の生活から発展し，児童生徒の興味に基づいたものであることや児童生徒の心身の発達水準等に合ったものであることが，「望ましい生活単元学習として備えるべき条件」の一項目として挙げられていた。

　この生活単元学習が始められる時点で，クラスの何人もの子どもたちの興味が絵本にあることは考えられる。実際に学校や家庭で，しばしば絵本を開けて眺めている子どもたちの姿もあろう。これらのような理由から，生活単元学習で「お話を楽しもう」という単元が設定されたのかもしれない。

生活単元学習の指導計画

　この生活単元学習の指導計画は，次のように第3次まで9時間にわたって立てられていた。

　第1次：○○絵本を楽しもう……………………………… 3時間
　第2次：○○紙芝居を楽しもう…………………………… 4時間
　第3次：○○のストーリー展開に合わせて動作をしよう…… 2時間

（注：○○は，絵本のタイトル）

　「お話を楽しむ」という教材が，子どもたちの生活や発達の実態に合ったものであったとしても，この指導計画では，単元展開がなされていないといえる。つまり，単元学習にはなっていないのである。
　指導計画としては，第3次まで展開されているが，このような指導計画では必ずしも第1次から第3次という順序で行われる必要はなく，そこでは内容の関連性は薄いといえる。第1次の「絵本を楽しむ」と第2次の「紙芝居を楽しむ」の順番を入れ替えても不自然ではなく，学習活動の展開は可能である。第3次も前に行うこともできる。この場合，指導計画の入れ替えを行うことが可能な内容であり，第1次から第2次，第3次へと関連性を持って展開されているとは，いいがたいのである。

学習内容の有機的なひとまとまり

　単元は，学習内容の有機的なひとまとまりであるといわれている。それは，指導計画の上では，単元展開において順序性があるということである。生活単元学習やバザー単元学習では，計画（含む，導入）―準備―実践―反省という一連の展開がなされている。この順序性は，すなわち，内容のつながりは崩すことはできない。子どもたちの発達実態から，例

えば，単元「○○に遠足に行こう」では，実践にあたる内容，実際に遠足の場所にいくことがまず行われる場合もある。しかし，これは，遠足でどこにいくのか，何をするのかというような見通しの持てない子どもたちに導入や動機づけとして行われるのである。実際にその場にいくのではなく，昨年の遠足の様子や教師が下見で撮影してきた今年の遠足場所のビデオを見せることは，しばしば導入の段階で行われる。

このような意味から，「お話を楽しもう」の指導計画は，単元学習としては適切ではない。これは，題材学習である。

生活単元学習の定義

では，単元学習を行う意義はどのようなことであろうか。

養護学校の学習指導要領解説で，はじめて生活単元学習の定義的記述がなされたのは昭和49年版（文部省1974）である。それは，次のものである。

「生活単元学習とは，生活上の課題処理や問題解決のための一連の目的活動を組織的に経験させることによって，自立的な生活に必要な事がらを，実際的・総合的に学習させようとする指導の形態である。」

学問的にも実践的にも，子どもが発達上，どのような段階にあれば，この指導の形態でどのような学習が可能であるのかなど，明確にしていく必要がある。それは，ここでは検討しないが，この定義では，生活単元学習では，生活上の課題や問題を取り上げること，その解決のために一連の目的活動を組織的に経験すること，すなわち，単元学習することが挙げられている。その結果として，子どもたちは，自立的な生活に必要な事柄を実際的・総合的に学習するのである。

これは，この授業の中では，単に知識や技能を繰り返し，ドリル的に学習することではないといえる。最近の実践報告等は，子どもたちの障害の多様化と重度化の中で，学習活動を繰り返し行うことが見通しの獲

得や見通しを持って学習に取り組めることにつながることを強調している。しかし，生活単元学習では，生活上の課題の処理や問題の解決のための一連の目的活動を組織的に経験することに大きな意義があるのである。

　そのような学習の方法が子どもの生活や発達の実態からして，また学習内容からして意義と効果があるのかを，生活単元学習を実践しようとする教師は，検討することが必要である。

単元学習の意義

　学校では，年度末に教育課程を検討し，次年度の教育課程を編成する。いつもながら，教師たちは，これらのことも時間に追われながら行わざるをえない現状にある。県や国の教育課程や生活単元学習に関する研究の指定でもなければ，単元学習の意義まで検討して，教育課程を編成することはないかもしれない。その学校のベテランの教師でも，生活単元学習はこんなものだと，その学校の従来の生活単元学習を繰り返していることも多い。特別支援学校にはじめて勤務する新任の教師は，見よう見まねでそのような生活単元学習の仕方を学んでいく。

　しかし，教師は，あるとき立ち止まって，生活単元学習とは何か，単元学習の意義はどこにあるか，と問うてほしいものである。

〈文献〉
(1)　太田正己（2006）『特別支援教育の授業づくり46のポイント』黎明書房
(2)　太田正己（2006）「よりよい授業づくりを目指して」（国立特殊教育総合研究所）『生活単元学習を実践する教師のためのガイドブック─「これまで」，そして「これから」』p102-107
(3)　文部省（1974）『養護学校（精神薄弱教育）学習指導要領解説』東山書房

基本用語

❹ 題材学習

題材学習

　題材も単元も教材をどのようにわけて授業を組み立てるかという視点である。すなわち，教材の単位分けの仕方である。それは，単元学習で見てきたように，授業案においては指導計画に表されるといえる。
　題材学習は，単元学習とはその単位分けの仕方が異なる，指導計画の立て方が異なるのである。
　特別支援学校での授業は，ほとんどが単元学習か題材学習かのどちらかである。
　生活単元学習とバザー単元学習は，単元学習である。おそらく教育課程表や時間割の上では，バザー単元学習という名称は使われていないと思われる。バザー単元学習は，実際には生活単元学習か作業学習の中で行われているものである。
　一方，生活単元学習やバザー単元学習以外は，題材学習として行われている。授業案では，それは題材名として表している。
　領域・教科を合わせた指導である遊びの指導も，教科別の指導である国語や算数も題材学習として授業が展開されている。
　作業学習は，1970年頃には，作業単元学習と呼ばれることもあったように，単元学習として行うこともあれば，題材学習ということもある。現在，しばしば見かける作業学習は題材学習である。
　遊びそのものも，生活単元学習として行う場合もあれば，遊びの指導で題材学習として行われることもあるが，しばしば参観するのは，題材学習として行われるものである。

遊びの指導の目標

例えば,『遊びの指導の手引』(文部省 1993)に題材名「雪人形を作ろう」が挙げられている。本時(第3次1時間目)の目標と指導計画(全10時間)の概略は,次のようである。

〈本時の目標〉

ア．一人一人の能力に合わせて紙玉をポリエチレン袋や紙袋に入れる。

イ．素材の感触を楽しむ。

ウ．輪ゴムやセロファンテープの使い方を知る。

〈指導計画〉

① ちぎって遊ぼう (2時間)

② 丸めて遊ぼう (3時間)

③ 雪人形を作ろう (5時間)

さらに，〈題材にかかわる目標〉は，次のものである。

① 紙という素材について経験を広げ，素材の感触を楽しんだり，素材の変化を意識して自分から素材にかかわろうとする。
② ポリエチレン袋，セロファンテープ，輪ゴム，のり等，日常親しむことの多い物への経験を広げ，それらの取り扱いに慣れる。
③ 破く，たたむ，丸める，つまむ等の活動を通して，手や指先を十分に使い，手指の機能を高める。
④ 指導者や友達の模倣をしようとする。
⑤ 共同で大きな物を作る喜びを知る。

このような題材にかかわる目標は，⑤の目標を除いて，この題材でのどの時間にもねらうものであり，どの時間でも繰り返し設定されるものである。つまり，学習活動でいえば，「紙を使って遊ぶ」ということが繰り返される中で目指す目標である。

生活単元学習のところでいう「計画―準備―実践―反省」のうち，実践のところを繰り返すということになる。

そのような遊びの繰り返しの中で，結果的に⑤の目標「共同で大きな物を作る喜びを知る」が達成される。すなわち，大きな雪人形を作ることになるのである。

それは，大きな雪人形を作る計画や準備を子どもたちが意図的に行ってきた結果ではない。第1次や第2次で，紙をちぎって遊び，丸めて遊びして，結果的に出来上がった紙のボールを寄せ集めて，雪人形を作るのである。

第1次と第2次の学習活動は，第3次の学習活動のために行われてきたわけではないのである。

題材学習の指導計画

 そのことは，指導計画の第3次「雪人形を作ろう」の5時間が次のような活動になっていることからわかる。

ア．たくさん作った紙のボールを，数個ずついろいろな袋に入れてセロファンテープや輪ゴムで袋の口を止める。
イ．教師と一緒に袋入りの紙のボールを，芯にセロファンテープでつけていく。雪人形の形を作る。(高さ170cm)
ウ．B4判の紙に，刷毛や指や掌でのりをつけ，雪人形のかたちになってきた土台に，貼り重ねる。
エ．目や鼻やボタンを描き入れる。
オ．できあがった雪人形の腕にひとりずつかかえてもらうポーズで写真撮影をする。

 これらの目標と学習活動からして，指導計画は第1次，第2次，第3次という展開でなくても行うことはできる。どのような順序であっても，「紙を使って遊ぶ」という学習活動を繰り返し行い，これらの目標に迫ることはできるのである。重要なことは，楽しい活動を繰り返し行い，目標を達成することである。この遊びの指導は，楽しい活動を繰り返し行うように指導計画が立てられている。

 基本的には，教科別の指導も題材学習で行われる限り，このような指導計画の展開になる。

〈文献〉
(1) 文部省（1993）『遊びの指導の手引』慶應通信
(2) 太田正己（2006）『特別支援教育の授業づくり46のポイント』黎明書房
(3) 太田正己（2004）『特別支援教育のための授業力を高める方法』黎明書房

基本用語

❺ 授業案

授業案の名称

　全国各地の学校で行われる公開研究会，あるいは研究発表会では，授業が公開される。公開される授業は研究授業と呼ばれる。その日の授業終了後，その研究授業について授業研究会が開かれる。授業研究会は，参会者が研究授業を参観したことを前提にして進められることになる。参観に先立って，その授業の学習指導案の配布が行われている。そのようにして配布される学習指導案は，全国では一年間にかなりの数になる。

　いま，この項目は，学習指導案ではなく，授業案となっている。他に，方法書，教案，あるいは指導案，活動案というような名称のものもある。また，これは，授業の設計図，計画案あるいは授業展開の青写真等といわれたりする。授業の設計図，計画案，青写真と呼ばれるのは，その名称がどのようであれ，授業を行うにあたっては，その授業をあらかじめ授業者が計画しておくということがきわめて重要なことだからである。だからこそ，研究授業の公開においては，授業案は必ず配布されるのである。

　では，それぞれの名称の違いはどこから来るのであろうか。

　「子どもの学習が効果的に行われるためになされる教師の指導，それが学習指導である。」（西谷三四郎 1969）このような学習指導の捉え方からもわかるように，教師の指導に力点が置かれたものは，「学習指導案」と呼ばれてきた。「指導案」では，教師の指導にいっそう重点が置かれているといえよう。一方，総合的な学習の時間では，「活動案」と呼ばれ，子どもたちの主体的な活動を実現することに教師の力が注がれ

27

ている。

　この項目で,「授業案」を取り上げているのは,教師の指導や子どもの活動のどちらかに力点が置かれているのでなく,授業は,教授—学習過程であるという視点を重視してのことである。具体的な教師の働きかけと子どもの学習活動のどちらも重要であり,教材を媒介とした相互作用によって,授業が成立すると,筆者は考えるからである。

方法書

　その名称には,教師が授業をどのように捉えているかが表現されている。それは,授業そのものの捉え方の違いによって学習指導案であったり,授業案であったり,教案であったりするのである。さらには,それは,単元か題材かというような,授業案に記載される各項目の名称の違いにもなっている。また,指導計画の立て方が違ってくるのであり,本時の目標も,本時の学習活動も変わってくるのである。

　歴史を振り返ってみよう。わが国の本格的な授業案の出発点は,明治16(1883)年に出版された,若林虎三郎,白井毅編『改正教授術』の記載であると考えられる。ここでの名称は,「方法書」であった。

　この書物では,授業をする場合に方法書が必須であることはいまさら

いうことでもないけれどもと，まず指摘した後に，授業における方法書を舟における楫に例えて，その必要性を説明している。すなわち，楫がなければ，舟は進むことができないように，教師に方法書がなければ授業を成功させることができないというのである。そして，方法書の記載法には種々あるけれども，その中でももっとも簡明で便利なものを示すとして，次の項目を挙げている。1. 目的，2. 大意，3. 題目，4. 方法（①復習，②教授，③演習，④約習）。この中で，方法においては，いずれも「教師の問と生徒の答」を詳記することを挙げている（若林虎三郎，白井毅編 1883）。

授業案作成の意義

　それでは，このような授業案作成の意義はどこにあるのだろうか。

　特別支援学校での授業案の特徴は，一人ひとりの実態把握に基づいて，個々の授業目標が記述され，授業での手立ても一人ひとりに対応するものが記載されていることにある。しかし，教師と子どもの一対一での授業である場合を除けば，学習集団に対する視点を欠くことはできない。むしろ，集団を対象にした授業においては，個別に対する配慮点を記入することにおいても，集団指導の中での個別指導であるという視点を欠くことはできないといえよう。

　では，あらためて授業案作成の意義を考えてみよう。

　研究授業を実施する場合には，参観者に必ず授業案が配布される。参観者は，その授業案を読んだ上で，授業を参観することになる。

　このことからすると，ひとつは，授業案が参観者のために作成されるということができる。授業を参観する場合に，参観者が授業案を読んでいるか否かによって，「見えること」が違ってくるからである。

　例えば，授業者が発問をするとしょう。授業案を読んでいる参観者は，授業目標を知っているので，その発問が子どもたちをどこにむかって学

習をさせようとしているのかを見取ることができる。しかし、授業案で授業目標を把握していない参観者は、その発問の意味や意図を理解することなく参観を終えることになってしまう。

　そうすると、その発問はよかったのか、何故いけないのかの判断をすることができないということになる。

授業者自身のために

　このように、授業案作成の意義は、参観者のためであるといえる。しかし、むしろ授業者のためであるのである。あるいは授業者のためでなければならないということができる。それは、授業案が授業の設計図や計画書という意味で教師自身にとって必要であるということである。いや、それだけにとどまらず、この授業において何がもっとも重要なことであるのかを授業者である教師が自覚的に把握するためのものだからである。授業は、授業者の瞬時の意思決定によって成り立っている。その意思決定を的確に適切に行っていくためには、授業者が常に授業の重要な事柄を自覚的に把握していることが必要だからである。

授業案の構成項目

　授業者が、授業案をどのような項目で作成するか。このことが決まっているわけではない。しかし、これまでの教育実践の中で、授業案に盛り込まれる共通の項目がある。例えば、次の表1に示すようなものである（太田1991）。

　ただし、ここでの構成項目Aは、1983年に宮本茂雄の挙げたものであり、構成項目Bは、1986年に中村哲雄の挙げたものである。構成項目Cについては、1970年代中ごろから1980年代ごろにかけて、筆者が勤務していた国立大学附属養護学校での作成項目であり、教育実習生もこの構成項目で授業案を作成するように指導されていた。

基本用語5　**授業案**

表1　授業案の構成項目例

構成項目A	構成項目B	構成項目C
・単元（題材）名 ・本単元のねらい ・単元（題材）設定の理由 ・当該単元を当クラスに適用した理由 ・単元の進行計画と時間配当 ・単元の進行経過とこれまでの子どもの変化 ・子どもの実態 　（以下，本時の授業） ・本時の目標 ・本時の展開 ・子どもの活動内容及び役割 ・教師の活動内容及び役割 ・教師が配慮すべき注意事項及びそのポイント ・子どもの実態と本時の指導内容及び目標 ・評価の観点	・授業案名 ・授業実施日 ・対象者 ・場所 ・授業者名 ・単元名 ・単元設定の理由 ・単元の目標 ・児童の実態 ・指導目標 ・指導計画 ・本時の目標 ・個別目標 ・学習の展開 ・準備用具 ・評価 ・座席表	・学習指導案名 ・指導者名 ・授業実施日 ・場所 ・単元（題材）名 ・単元（題材）設定の理由 ・目標 ・指導上の考察（単元，児童，指導について） ・指導計画 　（以下，本時の授業） ・題材 ・目標 ・準備 ・指導過程（学習活動，時間，指導上の留意点）

　最近では，目標とせずに「ねがい」と表記し，指導とは書かず「支援」と表記することもしばしば見られる。

　なお，巻末に資料として授業案書式例を挙げた。これは項目だけを挙げているので，必要に応じて項目を変え，書式を変えることが大事である。各項目の意味内容については，本書から読みとっていただきたい。

本時案の作成方法

　本時の授業について，どのような書式で本時案を書くかということも重要である。ここでは，筆者の編集した『障害児のための授業づくりの技法』（太田2000）という本から，そこに掲載されている本時案の書式（林2000）を引用させていただこう（図1）。

目標	全体	*本時の目標や活動をとらえやすくするために，個別目標と全体目標の記述欄を設ける。				
	個別	*集団に関わる目標など，個別目標欄に表しにくいものは，全体目標に含めて記述する。				
学習指導	指導上の留意点					全体
	*子ども全員に対する個別の枠を設ける。					
	子ども1	子ども2	子ども3	子ども4		
1 2 *子どもの取り組む活動を簡潔に時系列に沿って記述する。	（課題） ・（手だて） ・	 （課題） ・ ・ ・	（課題） ・ ・ ・ ・	 （課題） ・	*学習活動を細分化し，その一つ一つについて課題を設定するのではなく，個々の子どもの本時の中心となる課題を設定し，□の枠内に記述する。課題設定にあたっては個別の目標と実態，学習活動を考えあわせて明確にする。 *課題設定後，課題に対する子どもの活動を予測し，その予想に基づいた手だてを考えて，記入する。	*全体に共通する留意点，集団の中での子どものかかわり，環境・状況設定等について記述する。

図1 本時案の書式（例）（林 2000）より引用

この書式における「課題」は，例えば，学習活動「段ボールの魚に色塗りをする」の場合，A男では「準備から色塗りまでの一連の活動に意欲的に取り組む」となっている。そして，その課題に対する「手だて」は，「準備の途中で活動が止まったり，忘れている物があったりした場合には，手順表を見るように声かけし，気づかせる」，及び「色塗りの様子を称揚したり，海遊館の場面について話をしたりすることで活動への意欲を高める」と記されている。これらの手だては，まさに課題に対する子どもの活動を予測し，その予測に基づいた手だてを考えていこうとするものである。このような予測に基づいた手だてを考えるためには，A男の前時までの学習活動の様子や日常の生活の様子を把握していることが必要である。

「実態と目標」の記述

　子どもの前時までの学習活動の様子や日常の生活の様子を把握することは，本時案の手だてを考えるためだけではなく，その前の一人ひとりの子どもの実態と授業目標を書くときにも必要である。特別支援教育の授業案では，本時案に先立って，子どもたち一人ひとりについてその実態と目標を記述しているのが特徴であるが，実際には一人に関して的確な実態が書き込まれているとは，いいがたいことも多い。

　その書式も考えておく必要がある。ここでは参考に，先のA男とB男についてその書式を見ておこう。

表2　個別の実態と目標（例）（林 2000）より引用

	実　　態	目　　標
A男		
B男		

このように個人についてその実態と目標とを並べて書くことによって，どのような実態から目標が設定されたのか，その関連を読みとることが容易になる。実際の授業案では，実態を書き込むスペースがわずかでもあり，目標や手だての設定にとって的確な情報を実態として書き込むことがきわめて重要である。

〈文献〉
(1)　西谷三四郎編（1969）『講座特殊学級経営2　学習指導』明治図書
(2)　若林虎三郎，白井毅編（1883）『改正教授術』普及舎
(3)　太田正己（1991）『教師へのまなざし―ちえ遅れの子らと学ぶ』kk こずえ
(4)　林　栄昭（2000）「学習指導案と授業づくり―個への視点と学習指導案作成を中心に」p36-47,（太田正己，編著『障害児のための授業づくりの技法―個別の指導計画から授業研究まで』黎明書房）

基本用語

❻ 授業力

授業づくり

　授業づくりは，教師が子どもたちの実態を把握することにはじまり，目標を明確にし，教材を研究し，実践し，反省し，次の計画に進む，という一連の過程である。したがって，授業力は，その一連の過程にかかわっての力である。教師にとっての授業力を，ここでは二つの側面，すなわち授業を構成する側面と授業を実践する側面から捉えておこう。この二つの側面は，本来切り離して考えることは難しい。ここでは，まず，授業を実践する側面から考え，次いで授業を構成する側面から考えてみよう。

　授業を実践する側面では，教師は，子どもたちによりよく働きかけ，その働きかけへの子どもたちの応答ぶりを捉えることができなくてはならない。この場合に，よりよく働きかけるとは，子どもたちの応答が自ら授業目標へ迫るように行われる，ということである。

教師の働きかけ

　教師の働きかけは，言葉による働きかけ，すなわち，いわゆる発問，説明，指示，励まし，賞賛などが挙げられる。障害児教育では従来から声かけ，言葉かけと呼ばれている。

　これらは，教師の授業意図を伝えるものであり，単なる行動ではなく，〈教授行為〉である。これらの教授行為を通して，授業意図を明確に伝えることが重要である。そのためには，ひとつひとつの教授行為に工夫が必要である。

例えば，子どもたちに，どのような速さで，どのくらいの声の大きさで語りかけるか，また，子どもとの距離や角度など，位置関係をどのようにとるか，なども含めて，教師の表現の仕方を考えることである。特別支援教育では，特に言葉によらない働きかけ，例えば，絵や写真（教材）の提示の仕方（見せるタイミング，時間，角度）などに工夫が必要である。
　どのようなやり方が適切なのかは，子どもたちの応答ぶりから判断し，調整するということが必要であり，教師には子どもの表現（応答）を捉え，解釈し，即応的に表現する力が重要である。

授業を具体化する力

　授業を実践する側面では，このような，働きかけて，応答を捉え，調整していく力を磨いていくことである。筆者は，この力を「授業を具体化する力」と呼んできた（太田 2006）。
　教師に「授業を具体化する力」があり，実践において，「具体化する力」が発揮され，授業が展開していっても，その授業の構成において，実態に応じて授業目標が設定され，教材の研究がなされて，準備が整っていなければ，子どもたちの生活力はついていかない。実際には，子どもたちが自ら教材に取り組み，学習を進めるような授業の展開は実現しない。教師が「座りなさい」「やりなさい」「してはいけません」などの

言葉を多く発する授業になってしまう可能性は高い。

　教師には，子どものニーズを捉え，発達や経験，障害の実態を把握し，目標を立て，教材を準備し，授業を組み立てる力が必要である。筆者は，これまでこれらを「実態把握する力」「記録する力」「目標設定する力」「教材化する力」としてそれらを培うことの重要性を指摘してきた（太田 2006）。

　このような授業力を鍛え，磨くためのひとつの方法は，いわゆる授業研究をすることである。一人ひとりの教師が自ら授業案を書き，研究授業を公開し，授業のふり返りを行うことである（太田 2004）。

〈文献〉
(1)　太田正己（2006）『特別支援教育の授業づくり 46 のポイント』黎明書房
(2)　太田正己（2004）『特別支援教育のための授業力を高める方法』黎明書房

基本用語

7 授業研究

授業研究の一場面
　授業研究は，明治期初期から行われている。しかし，成果への疑問も多い。かつて，小学校校長であった伊藤功一（1990）は，校内研修として行われる授業研究の一場面を描いて，「こんなとき，A 先生はいつも思う。こんな校内研修なんかなければいい。あんまり授業に役立ちそうもないことを，ああでもない，こうでもないといいあって，ただ時間を過ごしている」と記している。「こんなとき」とは，勤務時間が過ぎようとしている時間帯に続けられている研究授業についての研究協議で，「意見が対立して，話が進展しないまま，いささかしらけた雰囲気がつづいている」ときである。

ロマン・プロセス法
　そこで，筆者は，授業案の読み合わせや参観のポイントの把握，授業事実を記載する参観記録のとり方，授業目標と手だての関連性の分析，授業事実を挙げた授業批評の仕方などの学習を，教師が行った上で，授業研究を行うことを提唱している。その方法は，授業案の読み取り（Reading），授業の参観（Observation），メモ（Memorandum），分析（Analysis），語り（Narration）という一連の段階を経るプロセスを重視する ROMAN プロセス法（ロマン・プロセス法／RP 法）（太田 2004）である。

ロマン・プロセス法の段階

この方法によって，実のある授業研究を実現しようと考えている。各段階の視点は，表1のようである。

表1　ROMANプロセス法における各段階の視点

読み取り	・授業者の授業意図は何か。 ・子どもの実態はどのように捉えられているのか ・教材のメリット，デメリットは何か ・学習活動や手だてはどのようなものが設定されているか ・具体的な評価の基準は何か
参　観	・授業目標を捉える。 ・子どもの実態を把握する。 ・教授行為を見る。 ・教材・教具を知る。 ・学習活動を知る。 ・上記の関連性を捉える。
メ　モ	・授業の「事実」をメモする。 ・授業の核を中心に「事実」を関連づけてメモする。 ・解釈，感想と「事実」を区別してメモする。
分　析	・授業の「事実」に基づいて，授業意図（目標）と教授行為，教材・教具，学習活動との関連性を分析する。 ・授業の「事実」に基づいて，授業者の評価と授業意図との関連性を分析する。 ・授業の「事実」に基づいて，授業者の子どもの実態把握と参観者のそれを比較，分析する。
語　り	・最初は，授業者の授業意図を肯定して語る。 ・建設的に語る。 ・授業での「事実」を挙げて，具体的に語る。 ・理由を挙げて論理的に語る。 ・授業者に敬意を表した言葉で語る。

授業研究の二側面

　教育現場で行われる授業研究は，大きな二つの側面から成り立っている。

　すなわち，まず，研究授業を行う教師（あるいは授業者集団）が授業案を書き，研究授業を公開し，放課後に参観者も参加して授業の検討を行う授業研究会を開催して，実施した授業の意図や反省を語るという側面である。

　また，もう一方では，授業の参観者が授業案を読み，研究授業を参観して，授業研究会で感想や意見を語るという側面である。このような授業研究のやり方が一般的なものである。しかし，この二つが相互に機能して，実のある授業研究になるためには，授業研究会を運営する司会者や助言者の働きも忘れてはならない。これらを加えると，4つの側面ということもできる。

授業力の向上

　このような授業研究会は，授業改善のために行われるものであり，その研究会に参加する教師たちの授業力を向上させるために行われるものである。ところが，実情はといえば，授業改善や授業力の向上にはつながらない，あたりさわりのない感想の述べ合いで終わってしまうことも多いものである。それが，先の伊藤（1990）が指摘した授業研究会の姿である。

　現在，授業研究会は，全国各地の学校で行われているし，明治の初期から行われているものである。しかし，しばしば形式だけの授業研究に終わってしまっている。この問題は，小学校などの通常学級で行われる授業研究会においてだけでなく，特別支援学校などの特別支援教育の教育現場においても同じである。

　筆者は，そのような教育現場での授業研究が実のあるものになり，授

業改善と授業力の向上につながるにはどのように行えばよいのかを，養護学校などの障害児の教育現場で20年あまり研究してきた。筆者自身の養護学校の教師の経験も含めると授業へのかかわりは30年あまりになる。

全国に向けて公開しているような大きな規模の公開研究会では，参加者が数百人の規模になり，ゆっくりと授業を参観することもできない。しかし，校内研修として行われる授業研究では，しっかりと研究授業を参観することもできるし，事前に十分に授業案を読むこともできる。

授業案の読み取り

では，参観者はどの程度授業案を読み込んで参観に臨むのであろうか。

大規模の公開研究会では，授業案の入った封筒を胸に抱え込んだままで授業を参観している教師の姿をよく見かける。受付で授業案を手にしても，廊下や教室の掲示物や子どもたちの活動の様子を見ることに忙しく授業案は封筒に入れたままのことも多いようである。

また，授業案を読もうとしても，すぐに研究授業が始まり十分には読むことができない場合もある。しかし，授業案には授業を参観するために必要な情報がぎっしりつまっている。参観者は，研究授業の始まる前にその情報に触れておくことが重要である。授業案を読んでいるか，いないかでは，参観での目の付け所が違ってくる。それは，授業を省みるときの視点や内容の違いとなる。

その結果，参観者の授業力の高まりにも違いが出てくる。

現場の授業研究では，授業を参観する側からいえば，授業案を読み，研究授業を参観し，授業を省みることがとても重要である。授業力を高めるために重要な事柄は，授業研究の結果の中によりも，むしろ〈授業案を読むこと〉〈授業を参観すること〉〈授業を省みること〉のそれぞれのプロセスの中にあるということもできる。

授業研究のプロセスから学ぶ

　そこで，まず，このプロセスの順を追って授業力を高めるために授業研究で重要な点をみておこう。

その1：授業案の読み合わせで参観のポイントを自覚する
　① まず，授業者の意図を読み取ろう
　校内研修としての授業研究会を念頭において考えてみると，いうまでもなく，授業は，授業意図を持ったひとりの授業者ないしは授業者集団（以下授業者とのみ表記）の教材を媒介にしての子ども，あるいは子ども集団（以下子どもとのみ表記）への働きかけと子どもからの働き返しによって成り立っている。

　そこで，授業案を読む場合には，授業者が子どもの発達や経験や障害などの，いわゆる実態をどのように捉えて，どのような目標を持ってどのように働きかけようとしているのかという，授業者の意図を読み取っておくことが重要である。

　授業案全体を読む時間がなければ，授業者の意図は，いわゆる「単元（題材）設定の理由」の欄にほぼ書かれてあるから，まず，そこを読むことである。もちろん，そのような授業者の意図を実現するための具体的な手立ては，「本時の指導過程」などと表記された欄から読み取ることが必要である。

　② グループで読み合わせをしよう（授業案の読み合わせ）
　筆者は，ある知肢併置の養護学校の共同研究者として，以前に15年ほど年に何度も重度重複障害の子どもたちの授業を中心にして，参観し，授業研究を重ねてきた。授業研究を重ねる中で，その学校では，「授業案の読み合わせ」というやり方が考え出されてきた（太田2000）。

　「授業案の読み合わせ」ということは，これまでの授業研究の中では，ほとんど行われてこなかった。

基本用語7　**授業研究**

「授業案の読み合わせ」を行うときには，授業者や授業者集団を入れずに数人のグループ（ティーム・ティーチングの数名の人数が適当）で，「これは，このような意味かもしれない」と話し合いながら読むのである。

校内研修会での授業案であるから，そこに書き込まれている子どもの様子は，それぞれの教師がよく知っていることもあるであろう。それだけに読み合わせをすると，ある教師にとってはある子どもの様子について違った見方が書き込まれていることもあるし，知らない内容もある。

読み合わせの最初は，読んでみての疑問点を出し合うことから始めるのがよい。そして，徐々に授業者の意図やそれを具体化した授業目標への言及から授業者の手立て，子どもの活動や表情など，どこを観るのがよいか，というようなことへ話が及んでいく。

つまり，読み合わせをすることで，授業のどこを観るか，子どもや授業者のどのような活動に注目するか，参観のポイント（主に場面や行動）がはっきりしてくる。これは，教育実習生に指導案指導を行うために読んでいるような読み方ではない。あくまで参観のポイントをつかむための読み合わせである。

その2：授業を観る
　① 真剣なまなざしで授業を観る
　参観のポイントが明確になっていると，参観者は真剣なまなざしで授

業を観ることができる。どこを見てよいか定まっていないと，ついつい欠伸をしながらの参観にもなってしまう。

　ところで，校内研修として授業研究を行う場合，特別には研究体制が組まれていないことも多いものである。そのために，研究授業を参観できる教師の数は限定されてしまう。参観できない教師たちのために，授業研究会の場で，ビデオに収録した授業の様子を放映する必要もでてくる。

　授業研究においてビデオを使うよさは，授業場面を何度も繰り返し観ることができるということにある。授業者の働きかけ（教授行為）に対して，子どもがどのように応答したかということを確かめることができる。繰り返し観ることで，最初に観たときに気がつかなかったことがわかってくることもある。

② 直接に授業を観ること

　しかし，筆者が考える授業研究法では，参観者はできるだけ直接に授業を参観することが大事である。もし，参観できないときは，ビデオで授業を観ることも必要であるが，その場合も繰り返してみるのではなく，1回だけ観ることである。

　それは，肉眼で子どもを見て，その都度判断することが実践研究の中心になることであって，その他の手段で子どもを捉えるのは，あくまで補助的なことだと考えるからである。

　高い授業力の中身として，教師のその都度の的確な意思決定による臨機応変の，子どもへの適切な対応がある。そのような授業力を高めるのには，研究授業を参観しながら，その場面での子どもの応答の様子を見て即座にそれを解釈し，その都度，意思決定するということを体験していくことが重要になるからである。

　そのようなやり方は，ビデオをなんども繰り返し観て解釈を深めということとは違うことである。そのような観方は，1回限りの授業をその

都度真剣に観るということによって鍛えられる。数年前，ある養護学校へ月1回，年間8回授業研究に出かけたことがあった。例えば，午前に小学部の授業をひとつ参観し，午後には中学部の授業をひとつ参観する。子どもたちが帰った後に，先生方と授業研究会を持つというものであった。

その年度の最後の授業研究会が終わったときに，校長先生が筆者にいわれた。「授業参観が済むと，毎回，先生は，ぐったり疲れた様子でした。最初の頃は，とても心配しました。」

授業を真剣に観るととても疲れるものである。まさに参観は，真剣の勝負である。

③ 観る位置を選ぶ（参観の位置）

参観のポイントを押さえて授業を観るということは，漠然と見ている場合とは，観る場所にも違いが出てくる。

1時間中，子どもたちが机に向かって学習していたりするなど，学習の場所を変えない場合には，参観者もいつも教室の後ろから観るなど，参観の位置を変えずにいる場合が多い。その位置が，参観のポイントを捉えるのによい場所であればよいが，そうでない場合も多いものである。例えば，教室の後ろから授業を参観する場合，授業者の顔と子どもたちの後頭部はよく見えるが，学習者である子どもたちの表情は少しも見えないということになる。

障害の重い子どもの場合，授業者の働きかけをどのように受け取っているのかを判断できるのは，わずかに動く唇であったり，まぶたであったりすることもある。とすれば，子どもの表情を捉える位置から参観していないと，授業者の働きかけが子どもに伝わったのか否かも見て取ることはできないことになる。

このことは，ビデオを通して授業を観る場合には，明白な問題点となることがある。例えば，ある位置に置かれたカメラで集団全体しか映さ

れていないビデオでは，参観のポイントとなることが捉えられていないことがある。それでは，ポイントを押さえて観ることはできないことになる。

④ 観ることを明確にして観る

授業案から読み取った参観のポイントにしたがって，授業展開の中で，授業者の働きかけ，それに対する子どもの応答ぶりを見ることになる。

働きかけ方などの授業者の行為と応答ぶりとしての子どもの行為から，その授業の効果を観ることになる。すなわち，子どもが授業目標を達するように授業者の教授行為が行われ，子どもは教材・教具にかかわり学習活動を展開したのか否か，を観る。もし，達成するような学習活動がなされていないならば，授業者による子どもの実態は適切に把握されているのか，教材・教具は実態に合っているのか，教授行為は適切なのか，などということ（参観の視点）を参観のポイントで確認していくことが重要である（太田 2007）。

参観者にとって，現場での授業研究は授業を参観することによってもっとも学ぶことが多い。そのことによって得られることがもっとも重要なものである。

授業参観によって得る印象から，楽しい授業だった，明るい授業だった，などという点では，参観者は非常に受身的に印象を得ているに過ぎないように見えるが，授業案の読み取り，授業の参観によって得られる情報は，参観者にとって決して受身的なものではないのである。授業案を読み，授業を参観することによって，参観者は研究授業から多くのことを主体的に読み取っていくことになる。

その３：授業を省みる

授業研究会での発言を聞けば，その教師が授業案のどこを読み，研究授業で何を観てきたのかが，よくわかる。なかには，授業案も読まず，

参観もせず，自分の授業論をとうとうと語る人がある。ロマン・プロセス法による授業研究では，参観者が「授業を省みて語る」ことが必要であり，その場合の授業は参観した授業であり，語るのはその授業の事実に基づいてである。

語り合う難しさ

　授業研究会では，授業を研究の場に提供していただいた授業者に敬意を表しつつ，語り合うことが重要である。

　ある授業研究会で，授業者が5時間の計画のうち，単元目標をねらうのは最後の1時間だけであり，自分はそのようなつもりでやっているという発言があった。後の4時間は，何をねらいに授業が展開されたのであろうか。その発言が研究会の最後のときであったこともあり，筆者は驚いた記憶がある。この研究会を振り返ると，この発言は，「本時の授業目標は単元目標には対応していない。本時の学習活動は本時の授業目標にはあっていたが，単元として全体的な見直しが必要である」という，研究会の途中でなされた筆者の指摘に対する授業者の発言であったのに気づいた。

　授業研究会は，授業の事実を基にして参加者が語り合うコミュニケーションの場であるという視点からすると，最後に，このような発言に出会うと，授業研究会で語り合うことの難しさを感じてしまう。

　明治以来の教育現場での授業研究の問題の指摘は，「授業を省みる」時点でのことであった。それは，授業研究会に参加した教師の口から語られるのは，参観しての単なる表面的な感想が多いというものである。いわく「楽しい授業でした」「先生と子どもたちの笑顔が多い，よい授業でした」等，というものであり，明日の授業の改善につながっていくような内容が語られてこなかったのである。また，授業者や参観者の授業力を向上する研究会にはなってこなかったのである。

もちろん，そのような授業研究を改善しようとする試みもいろいろとなされてきたはずである。しかし，結果的に，無駄な時間が費やされたという思いが研究会への参加者に残ってしまうことになった。

　授業力を高める授業研究の有効性は，その授業研究に参加する教師一人ひとりの参加のし方にある。現場の授業研究は，授業の参観を基本とする。いわゆる，「見て学ぶ」から始まるわけである。どのように見るか，参観者はそこを押さえて参観しないと，授業力を高めることにはつながっていかないのである。

〈文献〉
(1)　伊藤功一（1990）『校内研修』国土社
(2)　太田正己（2004）『特別支援教育のための授業力を高める方法』黎明書房
(3)　太田正己（2000）『障害児のための授業づくりの技法―個別の指導計画から授業研究まで』黎明書房
(4)　太田正己（2007）『特別支援教育の授業研究法―ロマン・プロセス法詳説』黎明書房

基本用語

8 授業者の意図

授業者の意図
　授業を評価する場合に授業者の意図を手がかりにすることが重要である。そのことを，藤岡完治（1979）は，「授業は何らかの価値を実現していく営みでもある。実現すべき価値とその実現のための手段とは一体をなしている。授業者がどのような価値の実現を目指して，どのような目標をたて，それをどのような手段を用いて実現しようとしており，また授業の達成として何をイメージしているのかのそれぞれのつながりを解明するためには，どうしても授業者の意図を手がかりにしなければならない」と述べている。

　国語辞典（山田 2000）によれば，意図は，「①何か目的があって，特にそうしようと考えること。②その事の背後に察知されるもくろみ・考え」とある。授業者の意図は，まず授業目標や手立ての背後に察知される授業者のもくろみや考えであるといえる。そのもくろみや考えは，授業に取り組む子どもたちやその保護者の願い，また授業に参加している子どもの発達や経験，障害，さらには社会的要求をも考慮に入れて，その教育的ニーズを踏まえたものになっていることが必要である。すなわち，特別支援教育では，個別の教育支援計画や個別の指導計画をつくる。これらの計画に長期目標や短期目標を書き込む。これらの計画との関連を言えば，そこでの目的（長期および短期の目標）を達成するために，特にこのように授業をしようということになる。

　ブラットマン（1994）は，意図とは計画のいわば石材であり，計画は大きく書かれた意図である，と述べている。授業者の意図は，授業案に

おいて指導の手だてとして具体的に計画が描かれることによって，明確になり，実現可能なものとなっていくのである。

　筆者のすすめる授業研究法であるRP法は，まさにこのような意味において授業者の意図が実現するように実施されるのである。

　そのために，授業研究会では，授業者は授業案や研究会の場でその意図を明確にすることが大事である。そして，参観者は，授業案から授業者の意図を読み取ることが必要なのである。

ある授業の展開

　かつてある知的障害養護学校中学部で，目標として「ラーメンをつくる」を挙げて授業が行われた。そのための手立ては「手順書を見せてラーメンをつくる」であった。このような子どもたちが調理して食べる授業は，小学部でも中学部でも高等部でも行われている。

　公開研究会等では，参観する機会の多い内容である。また，手順書にしたがって調理する授業の展開もしばしば目にするものである。

　この授業での授業者の意図は，どこにあるのであろうか。まずは，授業案に書き込まれた授業目標から，子どもたちに「ラーメンをつくる」ことができるようになってほしい。

　そのために，ラーメンづくりの「手順書を見させてラーメ

ンをつくる」が計画された，といえよう。

　しかし，子どもがラーメンをつくれるためには，必ずしも手順書を見る必要はないとも考えられる。

　「手順書を見てつくる」という目標は，手順を知ることと見通しを持つことを関連づけて，授業目標として挙げられることも多い。

　このことは，単に子どもが「ラーメンをつくれるようになる」ことだけを目標に，ラーメンづくりが授業で行われるということだけを意味しているわけではない。

授業目標の表記

　少し別の視点から考えてみよう。

　授業目標である「ラーメンをつくる」は，授業目標の表記としては適切ではない。このような表記では，むしろ何をするかという授業内容である。表記が適切になされていないものは，授業者にとってもその意図が明確ではないともいえる。授業目標としては，例えば「ラーメンをつくることができる」とか，「自分でラーメンをつくろうとする」など，獲得してほしい能力や態度，意欲を授業内容に結びつけた表記が必要であると考えられる。

　この視点からすると，授業の手立てとも関連させて，この授業では子どもに「手順書を見てつくれる」ことが求められている。すなわち，「手順書を見てラーメンをつくることができる」という授業目標が考えられる。

授業の手だて

　このように考えると，「手順書を見てつくる」ことを学んでほしい。そのために，子どもたちの興味関心の高いラーメンづくりをさせよう，という授業者の意図が見えてくる。

すると，子どもの興味関心から授業内容として「ラーメンをつくる」ことが取り上げられ，そこから「手順書を見てラーメンをつくることができる」という授業目標が設定されることになる。そして，その目標を達成するための授業での手だてとして「写真で手順を示してラーメンをつくる」が考えられてくるのである。

　さらには，ラーメンづくりだけではなく，子どもたちがいろいろなものの調理に取り組むことで「手順書を見てつくる」力をつけるという授業者の意図が達成されてくるのである。

　授業者の意図は，授業者にも明確になっていないことがある。その場合には，特に RP 法における授業批評が授業者の意図を明確にし，それに基づいた授業づくりを行うのに有効な働きをする。それは，まさに授業が「計画的にまた目的志向的に創造していく過程」（吉田1977）だからである。

〈文献〉
(1) 藤岡完治（1979）「これまでの評価と授業評価が違う点はどこか」『授業研究』17 (11)，p53-62
(2) 山田忠雄，他編（2000）『新明解国語辞典』第五版，三省堂
(3) マイケル・E・ブラットマン（1994）（門脇俊介，他訳）『意図と行為―合理性，計画，実践的推論』産業図書
(4) 吉田章宏（1977）『授業を研究するまえに』明治図書

基本用語

❾ 特別な教育的ニーズ

教育的ニーズ

　平成17年12月に出された中央教育審議会の答申『特別支援教育を推進するための制度の在り方について』(2005)では,「これらの幼児児童生徒については，障害に関する医学的診断の確定にこだわらず，常に教育的ニーズを把握しそれに対応した指導等を行う必要があるが，こうした考え方が学校全体に浸透することにより，障害の有無にかかわらず，当該学校における幼児児童生徒の確かな学力の向上や豊かな心の育成にも資するものと言える」と述べている。ここで，「これらの幼児児童生徒」と記されているのは，LD・ADHD・高機能自閉症等の状態を示す幼児児童生徒のことである。ここから特別支援教育の重要な考え方を読みとることができる。

　それは，障害の視点から教育的ニーズを捉えるだけでなく，あらゆる視点から一人ひとり教育的ニーズを捉え，それへの教育的支援を考えていくことが重要であるという考え方である。例えば，家庭で虐待を受けていることによって，意欲をなくし，授業に参加できない子どもがいる。この場合，障害によって教育的ニーズが生じているのではなく，虐待という状況に置かれることによって生じてきた教育的ニーズである。

　特別支援教育に関する報告や答申では，いずれにおいても，教育的ニーズという用語は，定義的には述べられているわけではない。2004年に，全国特殊学校長会が,「『障害のある児童生徒一人一人のニーズ』とは，障害のある児童生徒一人一人が，障害があるために遭遇している日常生活や学校生活等における制約や困難を改善・克服しようとするための，

教育，福祉，医療，労働等の様々な分野からみたニーズのことである」（2004）と述べているのが，唯一教育的ニーズについて，定義的に述べたものである。

特別な教育的ニーズ

　教育的ニーズという言葉が定着してきた。しかし，もともとは，「特別な教育的ニーズ」という使われ方をしていた。例えば，平成13年1月の『21世紀の特殊教育の在り方について〜一人一人のニーズに応じた特別な支援の在り方について〜（最終報告）』（2001）では，「児童生徒の特別な教育的ニーズを把握し，必要な教育的支援を行うため，就学指導の在り方を改善する」というような記述になっている。

　このような「特別な教育的ニーズ」ということについては，「実は『特別な』という用語は，そもそも対応に関して使われるものである。『特別』という言葉が子どもに対して使われているような誤解もあるが，『特別』であるのは子どもではなく対応に関してである。『特別な教育的ニーズ』というのはあくまでも『特別な教育的対応』を必要とする状態を表す用語なのである」（真城 2003）と指摘されている。

　このことは，『21世紀の特殊教育の在り方について』のサブタイトルが，「一人一人のニーズに応じた特別な支援の在り方について」となっていることからも理解できる。さらにいえば，「『特別な教育的ニーズ』論は，子どもを『障害児』といったカテゴリーに分類して特別な指導と結びつけるという発想ではなくその子どもにとって必要とされる，望ましい学習環境を整えるための考え方なのである」（真城 2003）ということになる。

障害と特別な教育的ニーズ

　これらのことは，障害があるからといって，いつも特別な教育的ニー

ズが生じるわけでもなければ，常に特別な教育的ニーズが生じ続けるわけでもないということになる。肢体不自由の生徒は，体育の授業では多くの場合，動作の不自由さによって特別な教育的ニーズが生じるが，他の授業ではそうではないかも知れない。

あるいは，鉛筆をにぎることがうまくできなくても，カーゼを巻くなどして握る太さを工夫した鉛筆を用いることによってうまく書くことができるかもしれない。そのような工夫が常態化することによって，その特別な支援が特別ではなくなることもある。そうなれば，特別な教育的ニーズがあるわけではないことになる。例えば，現在では，眼鏡をかけるということは，特別な支援というわけではない。

〈文献〉
(1) 中央教育審議会（2005）『特別支援教育を推進するための制度の在り方について（答申）』（平成17年12月8日）
(2) 全国特殊学校長会（2004）『盲・聾・養護学校における「個別の教育支援計画」（全国特殊学校長会中間まとめ）ビジュアル版』ジアース教育新社
(3) 21世紀の特殊教育の在り方に関する調査研究協力者会議（2001）『21世紀の特殊教育の在り方について～一人一人のニーズに応じた特別な支援の在り方について～（最終報告）』（平成13年1月15日）
(4) 真城知己（2003）『特別な教育的ニーズ論―その基礎と応用』文理閣

基本用語

⑩ 学習上の特性

授業の三角形モデル

　授業の基本的な構成要素は，教師と子どもと教材である。授業は，この三者の間の相互作用として説明される。この場合に，この三者を各頂点において，これを結ぶ各辺を相互作用の矢印で書き表した図が，授業の三角形モデルである（横須賀1990）。これは，授業の基本的な構造を考え，それぞれの構成要素と要素相互の関係を説明するために都合が良い。

　ただし，特別支援教育でも，通常の学級においては，子どもが一人での授業はまずない。教師も複数で指導にあたっていることもある。また，特別支援学校では，ティーム・ティーチングで行われていることがしばしばある。そのため，実際の授業は，このような単純な三者のモデルではない，複雑な相互作用が起こっている。

学習上の特性

　このようにモデルによって説明される授業において学習を進めていくのは，子どもである。

　この子どもが学習を行う際に示す特徴を「学習上の特性」と呼んでいる。

　知的障害教育を例にとれば，学習指導要領において知的障害児の学習上の特性が最初に示されたのは，1966年3月に出された『養護学校小学部・中学部学習指導要領―精神薄弱教育編』昭和37年度版の解説（文部省1996）においてである。ここでは，「精神薄弱者の学習指導上

の特性」となっていたが，その後，そこで記述されていた内容は，2000年3月に出された『盲学校，聾学校及び養護学校学習指導要領（平成11年3月）解説―各教科，道徳及び特別活動編』（文部省2000）で，ほぼ同様に再び次のように記述されている。

「学習上の特性としては，学習によって得た知識や技能が断片的になりやすく，実際の生活の場で応用されにくいことや，成功経験が少ないことなどにより，主体的に活動に取り組む意欲が十分に育っていないことがみられる。また，実際的な生活経験が不足しがちであるとともに，抽象的な内容より，実際的・具体的な内容の指導がより効果的である。」

知的障害教育における授業は，このような学習上の特性の理解の上に，これまで領域・教科を合わせた指導を中心に行われてきたのである。

自閉症の子どもであれば，ものごととものごとを関連づけて理解することの難しさや汎化の難しさが，その学習上の特性として考えられるために，指導においては構造化が重要であるといわれるのである。

学習上の特性の捉え

授業者は，授業案にその授業の対象である子どもたちの学習上の特性を直接書き込むことはあまりないが，授業者がどのように学習上の特性を捉えているかによって，授業をどのようにつくるかは，異なってくるということができる。つまり，特別な教育的ニーズに授業の何で応えるかが異なってくるのである。

教育の目的は，一人ひとりの子どもの自立である。そのために1時間の授業では，どのようなことに工夫をして子どもに対応するかが違うのである。例えば，通常の学級での学習障害の子どもの授業においては，他の子どもたちと同じ授業目標で同じ教科書を使い，同じ内容を取り上げ，学習活動も同じである。しかし，説明という教授行為において工夫をすることが必要かもしれない。またある場合には，使用するプリントを変

えたり，写真で示したりするなどして教材に工夫が必要かもしれない。

授業目標の違い

　知的障害の子どもの場合，特別支援学校や特別支援学級では，自立を目指しているが，そのためには通常学級とは違い，独自の授業目標を設定している。それぞれに，通常学級での授業とは違いがある。

　授業目標の違いでは，例えば，計算力を高めることをねらいにはせずに，買い物の力を高めるということを直接的なねらいにする。そのために，授業内容では，計算することよりも買い物することが取り上げられる。したがって，教材としては，教科書ではなく，あるコンビニが選ばれる。そして，教師は，計算の仕方を説明するという教授行為ではなく，買い物カードで買うことを促すという働きかけを中心に行う。そうすると，子どもたちは，文章題を解いて計算するという学習活動ではなく，買い物カードを見て買い物をするという学習活動に取り組むことになる。

　これは，知的障害の子どもの学習上の特性からして，実際的・具体的な教材が良いという考えから導き出される授業であり，プリントを使っての計算では学習に困難をきたすという特別な教育的ニーズに対応するためである。

〈文献〉
(1)　横須賀薫，編（1990）『授業研究用語辞典』教育出版
(2)　文部省（1966）『養護学校小学部・中学部学習指導要領―精神薄弱教育編解説』教育図書
(3)　文部省（2000）『盲学校，聾学校及び養護学校学習指導要領（平成11年3月）解説―各教科，道徳及び特別活動編―』東洋館出版社

基本用語

⑪ 単元（題材）設定の理由

単元か題材か

　教師が，ある教材を取り上げ，数時間，あるいは数十時間の指導計画を立てて授業を行う場合に，その教材をどのように取り上げ，授業をするか，という問題がある。言い換えると，単元か，題材か，ということである。このことについては，すでに単元学習と題材学習の項目で述べてきた。

　単元で授業を行う場合には，この項目は，単元設定の理由になる。また，題材として行う場合には，題材設定の理由になる。

　では，単元（題材）設定の理由では，どのようなことが書き込まれるのであろうか。

　筆者の研究（太田 1998）によれば，「単元（題材）設定の理由」あるいは「単元（題材）について」という項目名で取り上げられ，書き込まれる内容は，いわゆる児童観，教材観，指導観といわれるものである。

児童観・教材観・指導観

　児童観では，その学級や学習集団の子どもたちの全体的な実態（障害や知識・態度・意欲を含む）や発達段階であったり，既習経験，最近の学習活動などが書き込まれる。教材観としては，教材の価値や社会的意味，その性格や特徴，この教材を選んだ理由である。また，指導観においては，指導者の指導についての考え・意図であり，具体的な指導の方法，教材・教具，学習活動について取り上げている。

　小学校等の通常の学級では，教科書を主要な教材として授業が進めら

れる。したがって，単元（題材）設定の理由においては，教材観，児童観，指導観という順序で記述されている。例えば，ある小学校3年生の国語科の学習指導案の例では，(1)教材観，(2)児童観，(3)指導観となっている（佐々木1997）。すなわち，どの教材を取り上げるかはすでに決まっているところから，授業案の作成が行われる。

記述の順序

ところが，従来の養護学校の授業案では，(1)児童観，(2)教材観，(3)指導観という順序になっている場合がしばしばある。宮崎直男（1995）の『障害児教育で効果的な指導案の作り方』に挙げられている「お手本的な書き方である」と記された，遊びの指導の学習指導案における題材設定の理由は，「①児童生徒については，学級の様子と児童の障害の様子を述べ，②教材では，教材の持つ意味，教材で指導できる事柄，これらの条件を生かして指導する。③指導に当たっては，繰り返しの指導，スキンシップによる指導，体調を見ながらの指導，そして，体幹の保持，頭部のコントロールの練習をさせたい，とまとめている」と解説している。すなわち，「領域・教科を合わせた指導は，児童生徒の様子によって何を指導するかを判断する」ことを指摘している。ただ，教科別の指導では，通常の学級と同様の順序のものもあることも挙げているはいる。

児童生徒の様子によって何を指導するか考え，教材を選択するためには，このように児童を観ているから，この教材を準備して，このように指導したいという設定の理由の組み立てになることを指摘しているものと，筆者は考えている。児童観を明確に述べて，教材観，指導観を展開するという順序になる。

単元（題材）設定の理由において，児童観—教材観—指導観のつながりによって，授業者のこの授業を行う意図が明確に述べられている。それゆえ，授業を参観する場合には，授業者の意図を理解しておくことは

基本用語11　**単元（題材）設定の理由**

きわめて重要であるから，授業案の「単元（題材）設定の理由」をしっかり読んでおくことが必要である。

〈文献〉
(1)　太田正己（1998）「学習指導案『単元（題材）設定の理由』欄の記載内容の分析―授業批評のための学習指導案の読み取りの視点から」京都教育大学教育実践研究年報14, p229-237
(2)　佐々木昭（1997）『授業研究の課題と実践』教育開発研究所
(3)　宮崎直男（1995）『障害児教育で効果的な指導案の作り方』明治図書

基本用語

12 授業目標

題材目標

　ある知的障害養護学校の高等部の作業学習で，題材名「たたらの花瓶作り」の授業が行われた。授業案によれば「自分たちの得意なところを出し合って，ひとつの作品をつくることにチャレンジする」ということが，授業者の側の意図である。ただし，ここでは，授業目標について考えていきたい。そのために，この授業が作業学習として適切であるか，あるいは作業学習において，製品ではなく作品をつくるということでよいかどうかということは検討しないでおこう。
　この作業学習の題材目標は，
　・作業に見通しを持ち，楽しく参加する。
　・主体的に自分の担当する作業をやる。
　・グループのメンバーと協力する。
　・準備，後片付けをする。
　の4つが挙げられていた。
　題材目標は，題材の指導計画全時間を通して達成を目指すものであり，具体的なところでは違いがあるが，この作業学習を行っている全生徒が達成を目指すものである。

本時の目標

　筆者がこの学校の授業研究のために参観することになった授業は，指導計画（10時間）のうち，第3次「力を合わせて作ってみよう……3時間（本時）」である。

本時の全体の目標は，
- 見通しを持って作業する。
- 自分の担当する作業を責任を持ってやる。
- 掃除や後片付けなど，協力して行う。

であった。この全体の目標は，本時の授業を受けている全生徒が，本時において達成を目指すものである。さらに，個々の目標として，一人ひとりの生徒の目標が挙げられていた。ここでは，8人の生徒のうち，3つの学習活動を代表して，次の3人のものだけを挙げておこう。
- Aさん：練り，たたら作りをする。
- B　君：たたらから形をカッティングする。
- Cさん：どべを作り，接着する。

個々の目標は，本時において，それぞれの生徒がそれぞれの行う学習活動を通して到達することを想定しているものである。

授業目標

題材目標も本時の全体の目標また個々の目標のいずれも授業目標である。狭い意味では，本時のものだけが授業目標ということもできるが，ここでは題材目標も入れて考えておきたい。

しかし，目標とは何かという視点から見ると，まず，目標の表記は，到達すべき状態として記述されてはいないことに気づく。題材目標，全体の目標，個々の目標における表記の仕方は，生徒が行う活動の形式になっている。

例えば，Aさんの目標は，「練り，たたら作りをする」と記述されている。実際に授業の中でこのような活動場面が設定され，Aさんは，「練り，たたら作りをする」ことがあったのであるが，その活動の様子が教師の目指す状態であるのか否かは，このような目標の記述では評価できないのである。例えば，この目標の記述が，「ひとりで練り，たた

ら作りをすることができる」と表記されていたならば，ある程度評価可能な目標の記述ということができる。

具体的に書く

　この点から次の指摘（京都市立養護学校 2003）が参考になる。目標を具体的に書くという教育現場からの指摘である。「具体的に書く」ということは，その判断した場面や活動，支援の内容も含めて書くということである。

　例えば，「ひらがなで書かれた自分の名前がわかる」ということを「ふだんと異なる教室での学習の際に，机にひらがなで書かれた名前カードを貼っておけば，自分の座る場所がわかる」とか，「ひらがなの文字カードで，自分の名前を並べることができる」というような書き方をすることである。

　同様に，抽象的な言葉を具体的な言葉に変更しましょう，という提案（鳴戸教育大学附属養護学校 2004）がある。すなわち，「『～がわかる』『～が理解できない』『～を感じる』は抽象的な言葉」であるから，「『～をする』『～を言う』『～と書く』など『～のときに～をする』の形式を考えてみましょう」というのである。

　例えば，「ひとりで根気よく作業ができる」と表記するのではなく，「ひとりで」は「声かけや指さしなしで」，「作業できる」は「完成品を箱詰めできる」，「根気よく」は「タイマーが鳴るまでの 10 分間」という表記をする。つまり，「声かけや指さしなしで，タイマーが鳴るまでの 10 分間，完成品を箱詰めできる」というように書くのである。

　「～がわかる」は抽象的な言葉であるという指摘からすると，「自分の座る場所がわかる」もさらに書き改めることが必要である。先の資料は後の改訂において次のような視点から書き改められている（京都市立総合養護学校 2005）。

すなわち，「行動的記述とは，誰が読んでもわかるように，生徒の様子を直接観察できる行動の様子として記述すること」であるという視点から，「ふだんと異なる教室での学習に際に，机にひらがなで書かれた名前カードを貼っておけば，自分の名前カードが貼ってある場所に座る」に訂正されている。

目標記述の再考

このような表記の仕方を参考にすると，見通しや協力，責任ということの内容を具体的に記述して到達してほしい状態を表記することができる。

実際に授業を参観すると，Aさんが出来上がったものを教師の指示でB君のところに持っていくが，ぽいっと放るようにB君の横に置く，という行動が見られた。

これは，Aさんが出来上がったものを置く場所の指定がないことから起こったことであったが，協力や責任ということから，具体的なやり方が指示できるように目標に挙げておくべきである。

また，B君は，粘土板の大きさを考慮せずに型紙を当て切るので，必要な大きさに切れていないのがあった。B君に粘土板を渡したAさんも，作った粘土板が型紙より大きいか否かを確かめていない。

協力，見通し，責任ということが目標の上で具体的になっていないため，生徒が具体的にどう行動するかが教師によって指導されないまま授業が進められていくことになってしまう。

授業目標が明確に具体的になっていないと，指導も適切に行われないことが起こってくる。

〈文献〉
(1) 京都市立養護学校（2003）「『個別の指導計画』作成マニュアル」
(2) 鳴戸教育大学附属養護学校（2004）「研究紀要」
(3) 京都市立総合養護学校（2005）「個別の包括支援プラン作成マニュアル」

基本用語

⑬ 指導計画

単元の指導計画

　授業案に項目として上げられている「指導計画」は，単元ないしは題材の全体の指導計画ということである。時間数は，数時間から数十時間にわたる場合もある。すでに述べてきたように単元学習であるか，題材学習であるかは，指導計画の立て方に明確にあらわれる。したがって，単元学習や題材学習の項目も参照していただきたい。

教育計画

　また，教育計画という用語があるが，これまで，例えば盲学校・聾学校及び養護学校学習指導要領解説において，教育課程を説明する中で次のように使われている。すなわち，「学校において編成する教育課程とは，学校教育の目的や目標を達成するために，教育の内容を児童生徒の心身の発達に応じ，授業時数との関連において総合的に組織した学校の教育計画であるといえよう。」（文部省 2000）

　このことからすると，授業案における指導計画は，学校の教育計画である教育課程に含まれるものであり，ある単元や題材に限った計画である。

指導計画

　指導計画という用語は，他に年間指導計画や個別の指導計画という使われ方をする。これらも含め，先の学習指導要領解説の中の幼稚部教育要領解説の部分において，教育課程と指導計画との関係について記述さ

れている。それによれば，「指導計画は，教育課程を具体化したものであり，具体化する際には，一般に長期的な見通しを持った年，学期，月あるいは発達の時期などの計画とそれと関連してより具体的な幼児の生活に即した週，日などの計画を考えることができる」（文部省 2000）とされている。

したがって，指導計画は，年や学期，月，週などの期間で計画したもの，あるいは学部，学習グループ，学級，個人等の学習集団等を基礎にした計画等があることになる。その中で，授業案における指導計画は，単元や題材の教材の単位わけにしたがった計画である。

有機的なつながり

この計画の立て方においては，各授業時間あるいは次数のつながりを十分に考えることが重要である。単元では，教育内容の有機的なつながりということがいわれる。すなわち，単元全体の指導計画において，有機的なつながりが必要になってくるということである。生活単元学習やバザー単元学習の指導計画は，有機的なつながりがあるかどうかが重要である（太田 2004）。

指導計画の記述は，単元全体の時間数，次数ごとの学習活動のまとまりとその時間数，研究授業の時間の表示でなされることが多い。例えば，ある知的障害養護学校小学部低学年の遊びの指導，題材名「砂で遊ぼう」では，次のように指導計画が記されていた。

〈指導計画〉全6時間
第1次：砂の山をつくろう……2時間
第2次：川をつくろう…………2時間（本時1／2）
第3次：道をつくろう…………2時間

本時1／2とは，第2次2時間中の1時間目が研究授業での公開時間であることを示している。また，この場合は，遊びの指導で題材学習が計画されており，第1次から第3次までの学習活動は，有機的なかかわりを持って計画されてはいない。すなわち，砂での遊びというまとまりはあるが，山，川，道をつくる学習活動の順番が入れ替わっても，この遊びの指導が成り立たないわけではない。その意味では，この順序に有機的な密接なかかわりがあるとはいえない。

〈文献〉
⑴　文部省（2000）『盲学校，聾学校及び養護学校学習指導要領（平成11年3月）解説―総則等編（幼稚部・小学部・中学部・高等部）』海文堂
⑵　太田正己（2004）『特別支援教育のための授業力を高める方法』黎明書房

基本用語

14 教授行為

教師の働きかけ

　授業では，子どもたちの主体的な学習活動が重視される。そのような子どもたちの学習活動は，教師からの働きかけによって始まる。

　授業における教師の働きかけには様々なものがあるが，その中でも授業研究で取り上げられることの多いのは，発問であり，説明や指示であり，助言も含めて，いわゆる指導言といわれる言語による働きかけである。あるいは，また，ほめることや叱ることであったりする。特別支援教育では話し言葉によらない教師の働きかけにも注意を向けることが必要である。中でも，教材・教具をどのようにして提示するか，ということはきわめて重要である。

　このような授業における子どもたちへの教師の働きかけは，教授行為と呼ばれている。

教授行為

　筆者は，教授行為を次のように説明してきた（太田 2006）。すなわち，教授行為とは，授業の中での発問，説明，指示，助言等の指導言，また教材・教具の提示等，教師の子どもへの意図的な働きかけである。

　これまで，障害児教育においては，発問，説明，指示，助言等の指導言は，声かけ，言葉かけといういい方がされてきた。

　筆者の行った研究からは，声かけは，発問，説明，指示等と同様に言葉による教師の働きかけのひとつであり，その機能は子どもを励ますというものであった。そして，言葉かけは，発問，説明，指示，声かけな

どの指導言を総称する用語である（太田 2000）。

代表的な教授行為

　授業の中で生じる子どもへの刺激という意味で授業刺激という言葉も使われるが，教授行為と呼ぶことによって，教師が意図的に行う行動を指し示している。それだけに，授業案を作成する段階で，どのように働きかけるかを計画することが重要である。

　ここでは，教授行為の代表的なものとして，
① 　言葉かけ
② 　視覚化
を取り上げておこう。そして，これらの教授行為によって行われる「ゆさぶり」について考えておこう。

言葉かけ

　言葉かけは，発問，説明，指示，助言，声かけ等の言葉による働きかけを総称するものである。すなわち，授業における教師の言葉による働きかけを表わす用語である。障害児教育において，特に授業案においては，すべての指導言を「……と言葉かけする」「……と声かけする」と表記することがしばしばみられる。しかし，それらの機能としては，発問であったり，説明であったり，指示であったりする。

　それらの言葉かけのうち，発問を取り上げて，言葉かけについて考えてみよう。

　子ども自身が生活の中で，問題を発見し，考え，解決していくという「生きる力」を育てたいというのは，どの教師も持っている願いである。問題が与えられてそれを解決できることは，重要なことではあるが，子ども自らが問題を発見することがなければ，いわゆる生きる力にはなっていかない。

発問

　子ども自らが問題を発見するためには，子ども自らが問いかけることが必要である。それぞれの授業の中で，子どもが置かれた状況において子ども自らが問いかけられるようにするための教師の働きかけが発問である。

　発問は，かつて代理問ともいわれていた。誰かが誰かの代理に問うということである。発問は，教師から子どもへの問いかけである。すると，代理問は，子ども自身が問いかけることの代わりに，まず教師が子どもに代わって問いかけるのである。発問が繰り返される中で，教師が問いかけるように子ども自身がいつか自ら問いかけることができるようになってほしいという教師の願いが込められた教師の働きかけである。

　ある知的障害養護学校中学部の国語の授業で昔話を読むという学習活動が行われた。この授業は，個別の指導計画をもとにして構想されたものである。この授業研究で焦点化生徒になっていた自閉症の生徒にとって，「文章が読めるようになる」ことが彼の個別の指導計画での短期目標となっていることが明らかになった。

　この授業では，プリントに印刷された昔話を授業者が音読し，生徒たちに聞かせた後，「どんなふうに読んだらよい」という発問がなされた。この発問は，生徒たちが「音読の注意点を知る」ことを目標に行われたものである。生徒たちからは授業者の望む答えはなかった。結局，授業者が，黒板に「大きい声，姿勢を正して，ゆっくり，はっきり」とその注意点を書いて，そのような注意点にしたがって生徒が音読する活動へと移っていった。

　この授業案の教材観において，授業者は，「音読することは，読み方の工夫によって物語の内容をイメージし，理解を促すことができる」と分析していた。「物語の内容をイメージし，理解を促す」ことに音読の意味があるとすれば，音読するときの注意点を答えるという発問（教授

行為)は,授業者の意図をうまく反映したものではなかったといえよう。むしろ,「イメージし,理解を促す」読み方を問うべきであった。もちろん,生徒の発達段階も考えると,「どんなふうに読んだらよいか」という発問では,適切でないように思う。授業者は,そのことも理解していたので,姿勢や声の大きさなどの答えをもとめたのであろうと考えられる。授業者はこの教授行為で生徒に伝えようとした意図は何かをふり返り,どのような発問をするか,その発問は生徒の実態に合っているのか等,これらの関連を整理し,発問を吟味することが必要である。

説明や指示においても,これらの関連性を吟味することが,同様に重要である。

視覚化

ある知的障害養護学校小学部中学年の音楽では,楽器遊びという学習活動において,子どもたちが「それぞれの楽器をどこで鳴らすのかわかるように歌詞カードに楽器カードを貼る」という「指導の手だて・支援」がとられていた。ここでは,指導の手だてや支援が,いわゆる視覚化されている。

視覚化とは,教師が子どもに伝えたい内容を視覚情報にして伝えようとすることである(太田1997)。

例えば,最近,よく見かける視覚化をもちいた授業に,「……を作って食べよう」というような題材名や単元名で行われる調理を行う学習がある。知的障害養護学校では,小学部から中学部,高等部まで,どの学部でも行われている。特に,自閉症の子どもは,聞くというような聴覚情報よりも,見ること,視覚情報の理解が良い場合が多いとされる。そのためもあって,授業では視覚化を主な手だてとすることが多くなっている。

「……を作って食べよう」の学習場面では,どのようなことが視覚化

されて，子どもたちに伝えようとされているのであろうか。

写真の提示

　しばしば見かけるのは，調理の手順を絵や写真によって示す，というやり方である。手順ごとに絵や写真が示される。例えば，ある地域のいくつかの小学校の特殊学級が寄り集まって行われた合同学習会の授業は，単元名「お好み焼きを作ろう」という生活単元学習であった。授業が始まると，教師は，子どもたちを黒板の前に集めて本日の学習内容について話し，それに続いて，お好み焼きの作り方を説明した。その説明は，黒板にお好み焼きの手順を一場面ずつ示した絵を張り出しながら行われた。それが終わると，子どもたちはテーブルごとに数名ずつわかれて，お好み焼きの準備をはじめた。子どもの手が止まると，教師は黒板のところに子どもを連れていき，次にはどの活動をするのだったか問いかけ，行うべき活動を確認して授業を進めていった。

　授業によっては，最初の手順の説明に絵や写真を使うが，活動がはじまると，手順の絵や写真は黒板に貼り付けられたままで，有効に活用されないこともみられる。

　視覚情報は，絵によって与えられるのが良いのか，写真によるほうがいいのか，実物によるほうが良いのか，十分な検討が必要である。つまり，子どもによって，どのような抽象度の教材が良いのかということを考え

る必要がある。絵といっても，写実的なものから略画まで，その抽象度には様々なものがある。

ゆさぶり

　1970年代後半から1980年代前半にかけて，通常の教育では，授業における教師の働きかけによって行われる「ゆさぶり」に関して論争があった（松本1990）。授業における教師の働きかけによる「ゆさぶり」は，斎藤喜博によって使われた言葉である。斎藤は，「ゆさぶることによって子どもたちの持っている日常的なものをはぎとり，臓腑をださせることである」（斎藤1976）としている。「ゆさぶり」のやり方は，その場面によって様々である。

　論争を巻き起こすほどの，授業における教師の働きかけのひとつではあるが，障害児教育の中では，取り上げられてこなかった。授業における教師の働きかけによる「ゆさぶり」の目的が，「子どもの発言や表現を否定したり，反駁したりすることで，既成の知識や論理や感覚をゆるがし，新しいものを個人や全体の中につくり出すことを目的とする」（松本1990）ものであれば，障害児教育においても必要な教師の働きかけである。

ゆさぶりの場面

　筆者は，「ゆさぶり」に関して，すでに次のような授業場面を挙げた（太田1997）。

　それは，ある知的障害養護学校小学部低学年の「生活」と呼ばれる総合学習である。絵本『三びきのやぎのがらがらどん』に登場する魔物トロルを取り上げた「トロル作りに取り組む」という授業であった。

　学習活動は，授業者によって提示された白い紙を貼った段ボールのトロルの原型に，すでに紙芝居やお話から得たトロルのイメージを持った

基本用語 14　**教授行為**

　子どもたちが，それぞれのイメージにしたがって，授業者の準備したトロルの顔，角，手のパーツを選択し貼り付けるというものであった。

　授業者は，子どもに「自分が考えたトロルのイメージに合うよう，大きさや形の違うパーツを準備した中から選ばせる」という手だてを考えて，この授業に臨んでいる。

　授業が始まると，その実態が「自分の持っているイメージを顔のパーツのような具体物があれば表現できる」と記述されているＡ男は，パーツから選ばずに自分で口の形を切り抜いた。授業者は準備したパーツから口を選ばせようとしたが，Ａ男は自分の切り抜いたものを貼ると主張した。そこで，授業者は「小さくない？」と声をかけたが，「これでいい」とＡ男は，顔の大きさからすると小さい口を貼った。

イメージ

　この場合，授業者は，子どもが行った，口を切り抜くという教師の予想をこえる行動を評価して，トロルの大きさからすると小さ過ぎる口を貼ることを認めたと考えられる。しかし，イメージをもとに思考するという点からいえば，子どもの思考に「ゆさぶり」をかけても良かったであろうと考えられる。

　この活動の中で，Ａ男は口という言葉に対して口の形をイメージしていたことは，確かである。色画用紙で口の形を切り抜いていたからで

ある。しかし，トロルの口をイメージしていたかはわからない。言葉かけや視覚化という教授行為によって授業者がトロルの恐ろしいイメージを，あるいはヤギを食べてしまうような大きな口のイメージを引き合いに出して，A男のイメージにゆさぶりをかけていたらより深く自分の活動を考えていたと思われる。

〈文献〉
(1)　太田正己（2006）『特別支援教育の授業づくり46のポイント』黎明書房
(2)　太田正己（2000）『自分の授業をつくるために―基礎用語から考える』文理閣
(3)　太田正己（1997）『深みのある授業をつくる―イメージで教え，事実で省みる障害児教育』文理閣
(4)　松本陽一（1990）「ゆさぶり」『授業研究用語辞典』(横須賀薫編，教育出版) p100-101
(5)　斎藤喜博（1976）『授業の可能性』一莖書房

基本用語

15　学習活動

学習行為

すでに，筆者（太田 2006）は，教授行為を授業者の意図の表現行為であると述べてきた。また，一般的に授業案において学習活動として設定されているものは，実際の授業の中では学習行為となっていることを指摘した。

そして，「1時間1時間の授業の中で行われる子どもの学習活動は，子どもがその授業で提示された教材にかかわり，それを解釈し，その解釈に基づき子どもがもった意図を表現していく行為である」と書いた。

ある授業

ある知的障害養護学校中学部1年生の授業である。その授業の「本時のねらい」の中心的なものは，「挿し木を行うことによって土や植物に親しむ」である。主な準備物は，鉢，鉢固定台，鹿沼土，バーミキュライト，はさみ，シャベル，水差し，土入れ，挿し木である。この授業での中心的な学習活動及び指導上の留意点は，次のようであった。

学習活動	指導上の留意点
・鉢に鹿沼土を入れる	・あらかじめ袋に分けておき，全員がかかわれるようにする。難しい場合は教員が声かけを行いながら活動する
・バーミキュライトをその上にいれる	・袋に小分けしておき，全員がかかわれるようにする。難しい場合は教員が声かけを行いながら活動する
・混ぜる ・鉢に土を入れる	・大き目のシャベルを用意しておき混ぜやすいようにする
・挿し木を土の中に差込み，安定させる	・くぼみをつくれない生徒には教員がくぼみをつくる

この学習活動に関して，筆者は，参観メモに

> - 「座りなさい」など離席注意や「土入れなさい」など指示が多い。
> - 鉢に一杯鹿沼土を入れてはひっくり返し，また入れる子がいるので，教師は一杯入ったところで鉢に手のひらで蓋をする。また，力士の名前を言いながら，鹿沼土を塩をまくのを真似て投げる子がある。
> - 鉢に鹿沼土を手で入れている子とシャベルで入れる子がいる。シャベルの子は手首を返せない。
> - 最終的には，先生が仕上げている

ということを書いた。

教材解釈

　授業案の段階で設定された学習活動は，子どもが自分でやるのではなく，教師の指示を受けながらやられている。ここでは，子どもの教材の解釈は教師が予想していたものとはかなり違っていた。教師は，鹿沼土やバーミキュライトを挿し木を育てる養分を含んだ土だと解釈している。しかし，鉢が一杯になるとひっくり返す，あるいは相撲の塩のようにまくという子どもの学習行為から考えて，この授業の中では子どもたちは「挿し木を育てる土」という解釈をしていないことが考えられる。

　もし，「土や植物に親しむ」を授業の目標に挙げて，教材を考えるとすれば，挿し木をするという教材ではないほうがよかったと，子どもたちの学習行為から読みとれる。子どもの発達段階を捉え直して，教材や学習活動を再考することが必要であるように，筆者には見えた。

基本用語 15　**学習活動**

認識のズレ

　次のこともすでに指摘したことではあるが，子どもは，現在できる行動が学習活動として授業の中に設定されていると，その授業に自分で参加できることになる。しかし，その学習活動を，現在できる行動より一段高い段階の目標の行動まで引き上げる教師の支援，手立てが工夫されていないと，1時間の授業の中では目標の行動までに至らずに現在できる行動に終始することになってしまう。また，いうまでもなく，子どもが教材をどのように認識するかということを教師が考えずに教材を設定すると，目標に迫るような行動が生じても，それは似て非なるものになってしまう。例えば，先ほどの学習活動のように，鉢に土を入れる行動をしても，その土は挿し木を育てるものとは認識されずに，プリンを作る砂場の砂と同様に認識され，鉢に一杯になっても入れる行動は止まらず，鉢をひっくり返してまた入れるという行動を繰り返すことになる。

〈文献〉
(1)　太田正己（2006）『特別支援教育の授業づくり 46 のポイント』黎明書房

基本用語

16 指導上の留意点

的確な指導の手だて

　ある特別支援学校小学部の公開授業で自閉症の子どもも含めて知的障害の子ども10人のグループでの生活単元学習，単元名「パンケーキをつくろう」全12時間の第2次「パンケーキを焼いて食べよう（本時6／6）」を参観した。

　本時の学習活動の核となる「パンケーキの生地づくりをする」において，Aさんの目標は「卵をひとりで割る」と記されていた。「これまでの様子」欄を読むと，「作業の手順ややり方はほぼ理解していて，見通しを持って活動している。手指のコントロールの面は細かい動きは難しいが，頑張ってやろうと努力するので，繰り返していくことにより，フライ返しなど，うまく使えるようになってきている」とある。しかし，卵を割ることに関しては，Aさんの本時までの様子は，何も記述はされていない。

　そのため，授業案からは，Aさんが卵を割るということにはじめて取り組むのか，これまで経験があれば，どのような割り方ができるのか等，明確でない。Aさんがどのような卵の割り方ができるのかによって，「卵をひとりで割る」場合の指導上の留意点は異なる。すなわち，その子どもが行う学習活動のでき具合が把握されていないと，的確な指導の手だてが立てられないばかりでなく，その学習活動のどこにどのように留意してかかわるかが見出せないのである。

指導上の留意点

「卵をひとりで割る」は学習内容ないしは学習活動であって，授業目標の書き方にはなっていないが，目標として挙げられているので，目標と考えると，「ひとりで」割ることができることに力点がある。とすれば，Aさんが「ひとりで割ることができる」ために，指導上，どこに留意して教師がかかわることが必要なのであろうか。

実際に，この授業案の指導上の留意点を読むと，「割るときに，卵の割れ加減に意識を向けるように支援する」と記されていた。すなわち，「卵の割れ加減に意識を向けさせる」ことが，「ひとりで割る」ことをできるようになると考えられているわけである。

授業者の専門性

しかし，留意点が明らかになっただけでは，「指導上の留意点」の記述としては不十分である。「指導上の留意点の欄は，児童生徒の学習活動・内容に対し，教師がどんな留意をするかということを具体的に書くところである。つまり，指導者として，また専門家としてどんな手だてが施せるかということである。したがって，この欄を見れば授業者の専門性が分かるところでもある」（宮崎 1995）という指摘に重要な点がある。つまり，具体的な手だてが必要である。「卵の割れ加減に意識を向けるように支援する」というとき，その「支援」を具体的に書く必要がある。また，専門家としては，具体的に書けなければいけないのである。

指導上の留意点の記述を見ると，しばしば「……声かけをする」「……言葉かけをする」となっている。障害のある子どもが学習活動を進めるとき，声をかけるという手だてで，学習活動を進めることが難しいということは，当の授業者が日々もっとも感じていることではないだろうか。とすれば，授業案の作成時に，「……声かけする」と書いて済ませるのではなく，さらなる工夫をすることである。指導の手だての工夫を，これまでの教育実践から学ぶことも大事である（太田2003）。そのことによって，自らの専門性も向上することになる。

〈文献〉
(1)　宮崎直男（1995）『障害児教育で効果的な指導案の作り方』明治図書
(2)　太田正己（2003）『名言と名句に学ぶ障害児の教育と学級づくり・授業づくり』黎明書房

基本用語

17　実態把握

目標準拠のアセスメント

　筆者は，以前にある原稿の執筆に当って編集部から次のような依頼を受けた。すなわち，「単元構成や内容，教育計画に基づき，授業の様子から児童の状態像をいかにアセスメントしていくかをカリキュラムベースアセスメントの観点から」解説してほしい。その際に，その雑誌の特集のねらいにおいて，「検査施行がアセスメントと誤解される風潮にある」とも指摘されていた。

　筆者も確かに，そのような風潮を感じていた。なおかつ，個別の教育支援計画や個別の指導計画において，発達検査などの心理検査の結果を記入する欄が設けられているが，それらが教育実践に生かされていない。そのような結果はある程度客観的なものではあるが，その内容が授業での指導内容に直接的にかかわるものではないことが多いために単元構成や１時間の授業の組み立てにおいてうまく利用できないのが現状である。このようなことも含め，授業に関して，アセスメントが行われていないともいえるのである。

　そこで，ここでは，いわゆる「カリキュラムに依拠するアセスメント」を念頭におきながら，授業とアセスメントについて検討してみよう。

　カリキュラムに依拠するアセスメントは，標準化の手続きを経ていない，あくまでも学級内で指導される内容に基づいて行われる，子どもへの直接的な評定の一種であり（篠原1992），カリキュラムに示される学習内容に関して，一人一人の子どもがどこまで達成（習得）できたかが個人内でアセスメントされるものである（篠原1993）。

授業の中でのアセスメント

　授業の実践においては，授業の様子から子どもの状態像をアセスメントすること，特に，授業が展開される中でアセスメントすることが中心になる。すなわち，子どもの授業中の様子から子どもの状態像をアセスメントすることが重要である。

アセスメントの内容

　授業の様子からアセスメントする子どもの状態像は，この授業で取り上げられる指導内容によって違ってくるものである。例えば，算数の授業で「一対一対応」が行われた場合，授業者はその内容にかかわる事柄をアセスメントすることになる。そのとき，一対一対応に関する内容を項目化してチェックリストを作っておくとアセスメントに便利である。そして，この場合に，授業者の教材研究が深くなされていれば，一対一対応の内容もいろいろなものが想定され，捉えられる状態像は精細なものになる。

　例えば，次のような内容が考えられる（遠山1965）。①簡単な積み木を見せて同じものをつくる（積み木遊び），②絵カード見本に3つまたは4つ切りの絵を合わせる（絵合わせ），③物語の主人公と持ち物を結びつける（持ち物合わせ＝ア：浦島太郎と玉手箱，イ：父母の持ちもの），④結びつきの定まったA群とB群との対応をする（何組もの対応，例：カップとスプーン），⑤結びつきの意味のある同じものの対応をする（手つなぎ，例：人形と人形），⑥結びつきの弱いものの対応をする（碁石ならべ，例：白と黒の碁石の対応），⑦数の違う集合を対応する（おはじき並べ，数の違う2群の集合のおはじきを対応する），⑧雑然と置かれたものを並べかえ多少等がわかる（行儀の悪い並び：対応すると多少等がわかり，対応の重要性を知る），⑨大小あっても対応させれば数が同じであることがわかる（だるまさん：だるまさんのカードの上下を

合わせ対応させる），⑩数には色形が関係ないことがわかる（貝殻合わせ，様々な色，形の2群の貝殻を対応させる）

　単に「一対一対応ができる」とするのではなく，このように内容を分けてそのでき具合をチェックできると，子どもの一対一対応に関する状態像はより明確に，精細にアセスメントできる。すなわち，教材研究を深めてより精細なアセスメントをすることが，授業者に求められる。

子どもの状態像を捉えるアセスメント

　しかし，いくら精細な内容を設定しても，子どもがその授業での指導内容に対して，どのような状態にあり，どのような取り組みができるのかなどの情報を収集するためには，その内容を項目化してチェックするだけでは不十分である。それは，授業での指導内容に対して，その子どもや集団がどのような状態にあり，どのような取り組みができるのかを授業者が捉えるということは，それらを固定的に子どもの能力として観察することを意味していないからである。

　授業の中では，授業者の教授行為などの働きかけやまわりの環境との関係で捉えることが重要である（太田 2003）。以下にその視点を大きく2つに分けて示しておこう。

①　授業者の意図的な働きかけ（教授行為）と子どもの状態像

　まず，第一には直接的に子どもの学習の状態像をアセスメントすることである。これは，授業者の指導するときの子どもへの働きかけの行為そのものによって引き起こされる子どもの学習行為である。この視点は，教授行為は授業者の意図に基づいて行われるものであり，授業者の意図が教材を媒介にしてどのような動きや言葉（表情も含む）によって子どもに届けられ，それらによって教材に向かって子どもがどのような意図を持って働きかけを行うかということである。子どもの意図表現としての学習の結果と過程を把握することになる。

② 授業者の無意識的な働きかけ（授業刺激）と子どもの状態像

　授業者は必ずしも意識していないが，例えば，子どもとの間の空間（距離）はその学習に影響を与える。重症心身障害児や自閉症児にとって影響の与え易い距離の研究がなされてきている。また，授業を展開するとき，授業者のからだの向きによって子どもに与える影響は異なる。教室の大きさや空間の整理の仕方の影響もよく知られている。

　これらと子どもの学習の結果や過程との関連を見ることも大事である。

アセスメントの実施者の違い

① 授業者が行うアセスメント

　授業者が授業を展開しながらアセスメントを行うためには（記録は授業後に行うとしても），教材研究をしっかり行い，その授業で何が重要なことなのかをきちんと自らの頭の中に整理しておくことである。チェックリストづくりは，そのように整理し，観察の視点を得るのに有効であり，なおかつ記録をとるのに便利である。

　授業者は，次のプロセスで子どもの問題を明らかにし，対応の決定をするために情報を集めるのである。

ア）授業の組み立て（計画）にあたって

　授業者が1時間の授業を組み立てていく上で，まず大切なことは，子ども一人ひとりの教育的ニーズを把握し，授業目標を明確にして，それを達成するために的確な教材を選ぶということである。そのための情報の収集が必要である。

イ）授業の実施の中で

　授業の目標を達成するために，まさに授業者が自らの働きかけを行いつつ，子どもがいかに学習しようとしているかの情報を集めるのである。

ウ）授業の反省とともに

　ここでは，次の授業を構想するために，授業の計画から実施までを振

り返り，子どもの教育的ニーズに応じ，授業目標を達成するような授業であったか否かを把握する。

② 参観者が行うアセスメント

授業研究では，指導の内容が子どもによってよりよく学習されるように，授業を改善することが目的である。参観者は，そのために必要な情報の収集を行う。それは，授業案，参観による資料，授業後の授業者からの報告内容等から主に得られる。

このアセスメントを基にして，参観者は授業者とともに授業の改善を図る授業研究会を行うのである。

〈文献〉
(1) 篠原吉徳（1992）「診断と評価からアセスメントへ」『発達の遅れと教育』417（10），p90-93
(2) 篠原吉徳（1993）「精神遅滞教育におけるカリキュラムに依拠したアセスメントについて」日本特殊教育学会第31回大会発表論文集，p292-293
(3) 遠山　啓，他（1965）『算数に強い子をつくる幼児の算数』国土社
(4) 太田正己（2003）『名言と名句に学ぶ障害児の教育と学級づくり・授業づくり』黎明書房

基本用語
18 授業評価

本時の評価

　ここでの評価は，実施した授業の評価である。

　ある養護学校の授業案では，「本時の展開」の次に「本時の評価」の欄をおいている。例えば，遊びの指導で題材名「紙で遊ぼう」の「本時の評価」には，子ども一人ひとりにふたつの評価項目が記されていた。そのうちのAさんのものは，

> a：指導者や友達が紙吹雪で遊んでいる様子を見て，自分から紙吹雪に触りに行くことができたか。
> b：友達が紙のお風呂に入っている様子を見て，自分から入ろうとすることができたか。

であった。

　この評価項目は，Aさんの次の本時の目標と関連がある。

> a：指導者や友達が紙吹雪で遊んでいる様子を見て，自分も紙吹雪に触りに行く。
> b：友達が紙のお風呂に入っている様子を見て，自分も入ろうとする。

授業目標と評価

　授業での評価は，目標の裏返しであるといういい方がされたりする。すなわち，目標が達成されたか否かということを評価するということである。その意味では，この授業案における評価項目は，本時の目標を評価しようとしている。評価ができるように，目標も行動目標の形式で記述されている。

　しかし，この授業案で目標と評価の関連を詳細に見ると，目標では，「自分も……する」と表記されているが，評価項目では「自分から……できる」となっており，若干の違いがある。「自分も……する」という表記には必ずしも「自分から」という自発的な動きを含んで考えなくてもよい。したがって，子どもが「自分も……する」ようになるために，教師はどのように手だてを行い，その結果，子どもは，教師によってやらされたのではなく，「自分から……できた」という形で，「自分も……した」ということになるのか。その点を考えながら評価する必要が出てくる。評価において，教師は，何を持って「自分から……できた」と判断するのか。評価する側の見極めが重要になる。

教育評価

　授業での評価も教育評価の一部であるが，「教育評価とは，教育活動の中で，どのような学びがなされたのか，どのような育ちが実現したのかの確かめであり，その結果の教育的な活用である」（梶田 2007）といわれる。だとすれば，「自分も……する」という行動はこの授業の中で見られたが，そのことによってどのような学びがなされたか，どのような育ちが実現したか，という視点から評価を考えたとき，単に行動をしたか否かではなく，「自分から……できる」という視点，すなわちこの場合であれば，自発的に（自分から）行う能力（できる）を獲得したか否かを評価しているというように考えておくことが重要である。

またある特別支援学校の授業案では，やはり「本時の展開」欄の次に「授業評価の観点」欄があり，次の2点が記されてあった。

> ・児童が自ら意欲的に活動できる場面設定や教材・教具の準備がなされていたか。
> ・各児童の本時の目標達成のために，教師が臨機応変に動いて支援を行えていたか。

この授業案では，子ども一人ひとりについての評価項目ではなく，場面設定や教材・教具の準備状況，教師の対応を評価項目として挙げている。

授業の評価において重要なことのもうひとつの側面は，子どもの学び，育ちを実現するための教師の手立て，すなわち，教材・教具や教授行為を評価することが重要である。

授業の評価は，先の養護学校の授業案でのように一人ひとりの子どもの本時の目標の達成程度を評価することも，また先の特別支援学校のように教師の手立てに関することの視点も必要である。

目標の表記から

最後に付け足せば，目標の書き方「……する」は，行動を記述していて「その行動をしたかしないか」という点で観察することができ，一見評価可能な，あるいは評価しやすい目標の表記であるように見える。しかし，この表記の仕方は，すでに「授業目標」の項目で述べたように目標としてよりも指導内容の表記であるといえよう。どのような学び，どのような育ちが実現したかを評価できるような表記の工夫が必要である。

〈文献〉
(1) 梶田叡一（2007）『教育評価入門―学びと育ちの確かめのために』協同出版

基本用語
⑲ 授業のイメージワーク

授業のイメージワーク

　教材研究を済ませ，授業案を作成し終えて，いよいよ授業を実践することになる。しかし，授業を実践する前にもうひとつやっておきたいことがある。

　それが，授業のイメージワークである。授業案の本時の指導過程あるいは本時の展開等と呼ばれる欄に書き込んだ，学習活動や指導上の留意点を，教師が自らの頭の中に思い描いてみることである。筆者は，授業実践を行う前の，そのような授業者の行為を授業のイメージワークと呼んで重視している。すなわち，授業のイメージワークとは，教師がこれから行おうとする授業について，その展開過程に沿って自らの頭の中に，教授行為や子どもの学習活動の場面を具体的に思い描き自らと対話することである（太田1997）。

　このことによって，授業案づくりや教材研究で分析的に捉えてきた授業を授業者の頭の中でイメージとして総合的に捉え直すことになる。

　ある小学校の教師は，公開研究会の前日，一人教室で夜遅くまで何度も公開する授業のリハーサルを行っていた。板書をしてみては消し，消しては書き直していた。また，説明しながら，そのときの立つ位置を変えてよりよい立ち位置を探っていた。

　何年か教師を続けていれば，このような経験は持っていると思われる。教室でリハーサルを行わないまでも，職員室で椅子に座ったままで授業場面を思い描くこともあるかもしれない。

イメージワークのポイント

　公開研究会などでの研究授業についてだけ，このようなことを行うのではなく，毎時間行ってほしいのである。公開研究会前夜のようなリハーサルは，毎時間の授業について行うことはできないが，本時の展開過程に沿って授業を思い浮かべていくことにそれほど時間はかからない。そのやり方のポイント（太田 2003）は，

> ① 授業展開に沿ってイメージする。
> ② 重要な点は，ゆっくりイメージする。
> ③ うまくいくようにイメージする。

である。

　イメージすると，失敗した様子を思い浮かべてしまって不安になるという教師がいたが，うまくいったというイメージを思い浮かべることが大事である。また，本時の学習活動の展開過程に沿って思い浮かべるが，どの活動場面も同じように思い浮かべるのではなく，特に授業の山場，核となると考える活動場面はじっくり，ゆっくり細かい点も思い浮かべ，場面によっては，やることを確認するだけで詳細に思い浮かべることはしなくてもよいのである。

授業のイメージワークの意義

　敢えていえば，授業案を書いたり，授業のイメージワークをしたりすることは，計画し，構想したように授業を進めるために行っているのではない。授業は計画どおり進まないことも多い。計画どおり進まないのであれば，計画書としての授業案の有効性は否定され，授業のイメージワークの必要もなくなる。

　授業案の作成や授業のイメージワークは，授業実践が計画どおりに進

まないからこそ行っているのである。計画外のことが起こったとき，その都度，教師はどう対応するか意思決定することが重要である。適切な意思決定のためには，その授業では何が重要なことであるのかを教師が把握しておくことが必要になる。そのように把握し，自覚していることは，授業案の作成や授業のイメージワークによって行われるといえるからである。

〈文献〉
(1) 太田正己（1997）『深みのある授業をつくる―イメージで教え，事実で省みる障害児教育』文理閣
(2) 太田正己（2003）『名言と名句に学ぶ障害児の教育と学級づくり・授業づくり』黎明書房

基本用語
⑳ 個別の指導計画

授業へ生かす難しさ

　ある年の2月はじめ，ある養護学校の公開研究会で「個別の指導計画と授業づくり」と題して個別の指導計画と授業との関係には，個別の指導計画に基づく授業や生かす授業があることを話した。そして，次の週に別の養護学校の公開研究会で授業参観し，研究発表を聞いた。やはり，この関係をどう捉え，実践するかに悩んでいることを知った。

　このことを踏まえて，筆者は，「最近，個別の指導計画に関わって指摘される問題点の一つは，計画の作成が目的化されてしまうということである。すなわち，学校では，教師が一定の形式のもとに個別の指導計画を作成することに一生懸命になってしまい，それを実践に生かすところまではいっていないという問題である」と書いた（太田2000）。

　特に，特別支援学級においては，これから考えていく問題である。最近の論文でも，「特殊教育の経験年数の少ない特殊学級担任者が多い等の状況を考えると，『個別の指導計画』の作成が授業改善への活用にまで至っている学校は多くはないのではないだろうか，学校教育では，何よりも授業の充実を追及するべきだと考える，今後，小・中学校の学習指導要領において『個別の指導計画』の作成が義務づけられることも想定しながら，『個別の指導計画』の作成と活用を促す必要性があると考えられる」という指摘がなされている（竹林地2006）。

文化伝達・創造

　個別の指導計画には，子どもや家族の願いが取り上げられる。子ども

の教育的ニーズから出発する教育にとって欠かすことができないものである。この視点はきわめて重要なものであるが，授業づくりを考えるにあたっては，今一度従来の文化伝達・創造の面から授業づくりと個別の指導計画の関係を考えてみることも必要である。すなわち，子どもの願いや家族の願いも，現在の一定の文化の中でのものであるからである。

　このことは，個別の指導計画と授業づくりの関連を考える上では，授業案の作成の問題としてみることができる。最近は，国立大学の附属特別支援学校の公開授業でも，当日の授業案はA4判一枚の略案のものもある。個別の指導計画づくりや紀要づくりに追われて，授業細案をつくるまでには至らないのか，必要性を感じていないのか，校内研修会でも書かれないこともあるらしい。

　個別の指導計画に挙げられた長期目標や短期目標あるいは指導内容が，どのような授業として子どもに実施されるのか。このことは，授業案の作成において，十分練ることが求められるからである。

同僚性

　特別支援学校の授業は，多くがティーム・ティーチングである。

　よりよい授業をつくっていくためには，授業について批評しあう同僚性が育っていることが重要である。

　個別の指導計画

では子ども一人ひとりの目標を評価可能なことを重視して行動的に記述することが多い。それを受けて，授業案でもまったく同じ目標が挙げられている場合もある。そのような場合，教材解釈をどのようにしているのであろうか。学習活動との関連も考えることが必要である。ティームの中で検討することが大事である。十分な検討をするためには，その学校に同僚性が育っていることである。

　子どもの教育的ニーズから構想された授業は，その教育的ニーズを把握した教師の意図に基づいて展開される。それは，教師の言葉や行為に表れる。個別の指導計画の検討は，教師の意図の検討でもある。素直に語れる同僚性は大事である。

個別の指導計画の作成

　平成14年度から完全実施された学習指導要領（『盲学校，聾学校及び養護学校小学部・中学部学習指導要領』平成11年3月）のもとで，養護学校の教育活動が新たに展開されてきた。その中で新たな事柄は，総合的な学習の時間の導入であり，重複障害の子どもの指導と自立活動の指導における個別の指導計画の作成であった（文部省1999）。

　この学習指導要領第5章自立活動第3指導計画の作成と内容の取り扱いにおいて，「自立活動の指導に当たっては，個々の児童又は生徒の障害の状態や発達段階等の的確な把握に基づき，指導の目標及び指導内容を明確にし，個別の指導計画を作成するものとする」と明記された。そして，「長期的及び短期的な観点から指導の目標を設定し」，目標達成に「必要な指導内容を段階的に取り上げること」が述べられている（文部省1999）。

　この作成にあたっては，子どもの障害の状態や発達段階等の的確な実態把握，長期目標と短期目標の設定，指導内容の段階的な設定が必要であると指摘されてきたわけである。

多くの実践研究の中で，個別の指導計画をどのような書式で作成するのかが当初，1990年代中頃からの論点であった。その後，作成した個別の指導計画と授業との関係をめぐる事柄が問題にされるようになったが，現在でも，一定の方法が明らかになったともいえない。

個別の教育支援計画

問題は，個別の指導計画と授業との関係をどのように捉えるかということである。つまり，個別の指導計画からどのように授業をつくるのかという問題は現在も残されたままである。むしろ，教育現場では個別の指導計画の書式が出来上がって，記述内容の検討にかかった頃に，個別の教育支援計画の作成がいわれるようになり，十分な研究がなされないままに，論点が変わっていったのである。

文部科学省の説明によれば，「『個別の教育支援計画』は，障害のある子どもにかかわる様々な関係者（教育，医療，福祉等の関係機関の関係者，保護者など）が子どもの障害の状態等にかかわる情報を共有化し，教育的支援の目標や内容，関係者の役割分担などについて計画を策定するもの」であり，「一方，『個別の指導計画』は，児童生徒一人一人の障害の状態等に応じたきめ細かな指導が行えるよう，学校における教育課程や指導計画，当該児童生徒の個別の教育支援計画等を踏まえて，より具体的に児童生徒一人一人の教育的ニーズに対応して，指導目標や指導内容・方法等を盛り込んだもの」である（文部科学省 2004）。

授業実践へ

原則的な順序でいけば，個別の指導計画を作成し，それに基づいて授業をつくるということになる。しかし，実際上は，個別の指導計画は，一人ひとりの子どもについて作成するが，授業は教師と子どもが一対一で行うものもあり，一対多もあれば，多対多で行われることもある。それゆえ

に，個別の指導計画に基づいて授業をつくり，実施する難しさがある。

　特に，子どもが，多数，複数，つまりいわゆる集団での授業の場合に難しさが出てくる。個別の指導計画と授業との関係は，「基づく授業」と「生かす授業」として言い表すこともできる。

基づく授業

　「基づく授業」とは，個別の指導計画に基づいてつくられる授業である。では，どのようなことが個別の指導計画に基づいてつくられる授業なのであろうか。

　個別の指導計画は，すでに述べたように平成10年度版盲学校，聾学校，養護学校学習指導要領（文部省1999）において，作成することが明記されたものである。その中身については，平成11年度に出された学習指導要領やその解説の自立活動編において，やや詳しく記述されている。しかし，書式などは示されていない。そのために教育現場では，その書式を定めるべく腐心していたのである。

　1990年代後半には，個別の指導計画の書式を定め，記述する場合に参考にされたものは，知的障害養護学校の研究紀要などの参考文献欄をみると，安田生命社会事業団（1995）の「個別教育計画の理念と実践」であり，また東京都教育庁指導部心身障害教育課（1997）が出した「個別指導計画」である。前者は，まさにIEP（Individualized Education Program）の日本版というようなものであり，後者は教育計画ではなく，日本の教育事情を加味してつくられた指導計画であった。すなわち，個別指導計画による授業づくりの場合は，いわゆる指導の形態での単元目標などを前提にして，その目標を個別化するものである。

　これらどちらの流れを汲むにしても，個別の指導計画に基づく授業をつくる場合，「基づく」ということは，個別の指導計画で記載された目標を直接的に授業目標として挙げることになると考えられる。この場合，

基本用語20　**個別の指導計画**

個別の指導計画はそれぞれの子どもについて目標を記載しており，かつ評価可能な目標を挙げることから，具体的な行動目標として記載されている。

長期目標と短期目標

　公開されている実際の授業で例を挙げてみよう。
　知的障害養護学校小学部1年生の遊びの指導である。A児の長期目標は「いくつかの場面において援助を自ら求め，必要な環境を整えてもらう」であり，短期目標は「好きな遊びで楽しく遊ぶために，『手伝ってほしい』ということを指導者に伝える」である。公開された授業の目標は，「トランポリンで遊ぶために乗るのを手伝ってほしい時に，手を伸ばして指導者に触れる」，及び「トランポリンを揺らしてほしい時に指導者の手に自分の手を合わせる」である。
　この授業目標は，短期，長期の目標から直接に導き出されている。すなわち，長期目標をより具体化し，内容を限定したものが短期目標になっている。つまり，長期目標の「いくつかの場面」が短期目標では，「好きな遊び」場面に限定され，長期目標の「援助を自ら求め，必要な環境を整えてもらう」が短期目標では限定され，「「手伝ってほしい」ということを指導者に伝える」となっているのである。そして，その短期目標の「好きな遊び」を授業目標では「トランポリン」に，場面を「乗るとき」として限定し，「指導者に伝える」を授業目標では「手を伸ばして指導者に触れる」，あるいは「指導者の手に自分の手を合わせる」と具体的な行動として記述している。
　これは，まさにA児の個別の指導計画に記述された長期目標や短期目標に基づいているA児の授業目標である，ということがいえよう。
　この授業には，B児もいるが，B児にはB児の個別の指導計画に基づいたB児の授業目標がある。そして，A児とB児は，場を共有して2

名の授業者によって授業が進められていった。つまり，教師と子どもの人数は，2人と2人であった。つまり，ひとつの授業として進められているが，それぞれの子どものそれぞれの授業目標に対して，それぞれの授業者が直接対応できる授業であった。

共通の目標

　このような授業者と子どもが一対一の割合で行われる個別の指導であれば，個別の指導計画に基づく授業はつくりやすくなる。実践も行いやすいと考えられる。このような授業ではなく，それぞれの子どもの個別の指導計画に示された長期，短期の目標の中で，共通の目標を持つ子どもを集めてひとつのグループとして集団の授業を行うことがある。しかし，個人の能力に帰す目標の場合，共通する目標の子どもを集めて指導するのは子どものためというよりは，教師の側の問題にしか過ぎない場合もある。つまり，一対一での指導が教師の人数不足により実現できないのでやむなく集団で行っているという消極的な理由の集団での授業がある。その場合は，可能であれば，教師の人数を増やして，すべての指導を一対一で行うということも考えられる。

　ある保護者が専門家を交えた会議の中で「確かに個別の指導計画をつくってもらって個別に指導していただくのはありがたいが，いろいろな障害の子どもが学校にきているのだから，その子どもたち同士がふれあうことが相互理解につながるので，かかわりあうことが大事です」といわれていた。個別の指導計画をつくり，指導することが，いつも一人ひとりの子どもをばらばらに分離してしまうことになってはいけないのである。集団としての意義を生かすような目標設定をして，集団の授業をつくることもときに必要である。

　このことを明確に認めて取り組まないと，個別の指導計画が実際の授業につながっていかないことになる。

生かす授業

　それぞれの個人の目標から共通した目標を持つ子どもを集めて，集団の授業をつくることはかなり難しい。むしろ，積極的に集団での目標を設定して，その目標から個人のレベルでの目標を考えていくほうが，集団としてのまとまり，子ども相互のかかわりを求めやすいとも考えられる。授業目標として，共通の目標を挙げるのか，集団としての目標を新たに授業目標とするのかは，その内容によって異なってくる。

　いずれの場合も，教師に求められるのは，一人ひとりの子どもの学習活動に対応できる教材の工夫である。しかしながら，あまりに集団が強調されてしまうと，個別の指導計画で一人ひとりの目標を設定し指導計画を立てることの意義が失われてしまうことも起こる。だから，個別の指導計画に基づくというような直接的なつながりではなく，集団の目標を設定することにおいて，「生かす」というゆるやかなつながりを考えてみることも重要である。

〈文献〉
(1) 太田正己，編著（2000）『障害児のための授業づくりの技法―個別の指導計画から授業研究まで』黎明書房
(2) 竹林地毅（2006）「『個別の教育支援計画』の実際と実践上の課題―都道府県等の教育行政施策の状況から」，発達障害研究，28（5），p15-25
(3) 文部省（1999）『盲学校，聾学校及び養護学校小学部・中学部学習指導要領』平成11年3月）大蔵省印刷局
(4) 文部科学省（2004）「小・中学校におけるLD（学習障害）ADHD（注意欠陥／多動性障害）高機能自閉症の児童生徒への教育支援体制の整備のためのガイドライン（試案）」東洋館出版
(5) 安田生命社会事業団（1995）『個別教育計画の理念と実践』安田生命社会事業団
(6) 東京都教育庁指導部心身障害教育指導課（1997）『障害のある児童・生徒のための個別指導計画Q&A』東京都政策報道室都民の声部情報公開室

基本用語

21 授業記録

書き方

　観察記録の書き方としては，記録と感想とを書き分けることが必要である。あるいは，記述は，客観的な表現が大事であり，主観的な表現は避けるべきである。このような指摘がなされてきた。

　最近では，行動的に記述するとか具体的に記述するということがいわれている。

　ここでは，筆者は，授業者の意図と子どもの意図を授業の中で見た事実と共に書き留めることが重要である，と指摘しておこう。

　授業者や子どもの行動だけを書き留めるだけでなく，そこに観られる授業者と子どもの意図をも記録することが重要なのである。

　授業での事実を記録するときには，次のような視点から授業者と子どもの行動を捉えて記録することは有効である。すなわち，子どもに何かを教え，子どもの行動を変えていこうとするときには，その行動を行うきっかけとしての先行事象と，その行動をした結果起こること（結果事象）が大きな影響を与える，という見方がある（東京IEP研究会2000）。

　ここで挙げられている例では，「冷蔵庫を開ける」という行動は，目の前に「冷蔵庫」があるということが先行事象になって起こり，開けた結果「食物がある」という結果事象によって維持されることになる。あるいは，「聞き手」がいて，「話をする」行動が起こり，「返事が返る」という結果によって強化される。

基本用語 21　**授業記録**

一連の事実の記録

　このような一連の事実を記録することが必要である。

　授業においては，これらの一連の事実は，多くの場合，授業者と子ども，あるいは子どもと子どものかかわりとして起こる。あるいは，それらの関係の中に教材が介在して起こることになる。

　例えば，「話をする」の例の場合で説明すると，聞き手としての授業者がおり，「話をする」という子どもの行動が行われる。そして，授業者からの「返事が返る」ことによって，子どもの話が続けられたり，終わったりすることになる。

　これらの一連の事実を記録することが必要である。

意図の読み取れる記録

　しかし，かつて沢田允茂（1978）が，「人間の行動のばあいには，意図を知る，あるいは目的とか心の状態を知ることによって，そのような意図や目的や心の状態の実現として行動を理解し，予測するといった理論のつくり方のほうがより良いつくり方だ，ということになろう」と指摘しているように，次の授業をつくるためには，授業記録において，授業者の意図や子どもの意図を授業者や授業研究者が読み取れるような記録が必要になる。

　先の先行事象の例示の中にも「標的行動が起こる直前の大人または仲間の行動→教師の要求，教材の提示または撤去，スケジュールの変更など」，あるいは結果事象として「行動を維持する要因：行動しているとき，または行動した後すぐに，仲間や大人からどのようなコメントやアクションが与えられるのか」が挙げられている。

　このような先行事象や結果事象の提示の仕方の工夫が教えようとするときには大切である。そのことが述べられている（東京IEP研究会2000）。

授業者が何を要求するか，教材をどのように提示するということは，授業者の意図に基づいて行われる。子どもの「話をする」行動の後に，授業者がその子どもの話にどのようにコメントするか，アクションするかは，やはり，授業者の意図によって変わってくるのである。

意図の読み取り

　授業づくりや授業研究においては，授業者の意図が重要であることは，ここまで再三述べてきたところである。とすれば，授業記録においては，やはり，授業者や子どもの意図を読み取ることのできる記録を書くことである。

　例えば，ある教師は買い物学習の，授業記録に「A君は，レジでの支払いの場面のビデオをみながら，私の『レジでお金を払わなかったね。今度は，レジでお金を払おうね』との発言に，『レジ，お金』と答えた」と記していた。

　しかし，このような記述だけでなく，この授業でビデオ視聴した意図も書き添えておくことが必要である。すなわち，このビデオ視聴の意図は，前回の学習場面を観ることでA君が反省点を見つけることにあるのではなく，教師がA君に改善してほしい点を指摘し，その確認のために見せる，ということであった。

　授業記録に，ビデオ視聴についての授業者の意図が反省点を子ども自らに見つけ出させることにあるのではなく，「レジでお金を払わなかった」という確認にあることを明記しておけば，のちに教師自身がこの授業記録を読み返したときにも，自らの発言と子どもの応答の意味を明確に把握することができる。また，第三者が読むときにも，教師と子どもの発言の意味や意義を理解することができるのである。

　実際に，この授業に関して参観後の研究会では，子どもの実態から見て子ども自身が前回の買い物学習の反省点を「ビデオで振り返ることが

できるのか」という質問があった。授業者の意図が明確にされていれば，そのような質問ではなく，ビデオ視聴が行動の確認に有効であったかというような質問になっていたかもしれない。

　授業に即していえば，次のような指摘（斎藤1964）になる。すなわち，「いうまでもないことであるが，はっきりした目標を持った，意図的な，計画的ないとなみが授業展開である。教師自身がその教材によって，現実にある自分の学級の子どもたちに，どのようなことを，どのように追求させ，どのような学級や子どもにしていきたいかというねがいを持って，意図的に授業を構成し演出し，展開させ，つぎつぎと子どもを新しい世界にいれていくいとなみが授業展開である。」

　このような授業の展開を記録するのである。

　授業の事実を書きとめ，そこから授業者の意図，子どもの意図を読み取れる記述が重要である。場合によっては，その意図を直接書き込むことも大事になる。

〈文献〉
(1)　東京IEP研究会編（2000）『個別教育・援助プラン』安田生命社会事業団
(2)　沢田允茂（1978）『認識の風景』岩波書店
(3)　斎藤喜博（1964）「授業の展開」『斎藤喜博全集6』国土社

その他の用語

遊びの指導

　領域・教科を合わせた指導の形態のひとつである。『特殊教育諸学校小学部・中学部学習指導要領解説―養護学校（精神薄弱教育）編』（1991）において，はじめて「遊びの指導は，遊びを学習活動の中心にすえて，身体活動を活発にし，仲間とのかかわりを促し，意欲的な活動を育てていくものである」と解説された。これまでは，知的障害養護学校小学部において，教育課程の中心に置かれてきた。特別支援学校においても小学部の知的障害の子どもたちにとっては，中心的な指導の形態であると考えられる。

学習指導

　生活指導や職業指導などと区分されるもので，教科の指導としていいならわされているものである。子どもが効果的，主体的に学習を進めるために行われる教師の働きかけである。知的障害児の教育では，教科指導ではなく，教科別の指導として捉えられている。教科別の指導は，領域・教科を合わせた指導で十分に学習されない教科内容について，補足し，反復して定着を図ることをねらった教科の指導である。

学習指導要領解説

　知的障害教育についていえば，『養護学校小学部・中学部学習指導要領精神薄弱教育編解説』（1966）の発行を初めとして，これまで1974年，1983年，1991年，2000年と5回にわたって発行されている。先行して

出されている，それぞれの学習指導要領の改善の趣旨や内容の解説を行ったものである。

教科書

知的障害児の教育においては，需要数が少なく経済面において困難があったために検定教科書は発行されてこなかった。そのため，文部省著作教科書として国語，算数，音楽の3教科が発行されている。1964年度に最初のものとして算数教科書が出された。その発行は，知的障害教育の最初の学習指導要領である昭和37年度版『養護学校小学部・中学部学習指導要領精神薄弱教育編』が示されたことによって編修されたのである。

教科別の指導

平成3年版『特殊教育諸学校小学部・中学部学習指導要領解説―養護学校（精神薄弱教育）編』において「教科別の指導が，生活単元学習の発展的な指導になることもあり，補足的な指導になることもある。教科別の指導を進めるに当たっては，習得したことを実際の生活に役立てる配慮が大切である」と記されている。これまでの解説では，すこしずつ記述にズレがあるが，指導においては生活単元学習等，領域・教科を合わせた指導との関連を図ること，及び習得したことの実際の生活への役立ちを考慮することが重要である。

教材解釈

教材研究には，すでに教材となっているものを，これから行う授業を前提として教科の内容などを明確にするように研究を行う場合と教科の内容が確定していてそれを担うにふさわしい新たな教材を開発する場合とがある。前者を教材解釈といい，後者を教材発掘または教材づくりと

いう。知的障害児の授業においては、これまで教材研究が不十分であることがしばしば見られる。

教授―学習過程

授業を教師の教える行為（教授）と子どもの学ぶ行為（学習）との関係の展開の過程として捉える視点である。授業は、一定の場所と時間の中での、教材を媒介とした教師と子どもとの働きかけとそれへの応答によって成り立っている。この働きかけあいの過程である。

作業学習

『盲学校、聾学校及び養護学校学習指導要領（平成11年3月）解説―各教科、道徳及び特別活動編』（2000）においては、「作業学習は、作業活動を学習活動の中心にすえ総合的に学習するものであり、児童生徒の働く意欲を培い、将来の職業生活や社会自立を目指し、生活する力を高めることを意図するものである」とされている。

知的障害児の教育において、高等部の教育課程において中心的な指導の形態であるが、中学部から行っている特別支援学校もある。

授業研究会

教育現場で行われる授業研究会の一般的な形式は、授業者と参観者で行われる。授業者からいえば、授業案を作成、配布し、研究授業を公開し、授業検討会を開催するものであり、参観者からいえば、授業案を読み、研究授業の参観を行い、授業検討会に参加する、というものである。

その目的は、授業の改善であり、授業力の向上にある。

授業批評

授業批評は、授業の改善のために授業の事実に基づいて授業実践その

ものの価値（質，意義等）を検討し，その正しさや良し悪しを区別することである。なお，授業の改善という視点からは，授業目標の適切さとその目標達成の手段の妥当性を検討するということである。

生活指導

現在は，主に教科外の領域での指導を中心に用いられる用語である。教科外活動での子どもの行為を直接の指導対象として行われ，自治能力や民主的人格の育成をするものとして捉えられている。

知的障害児の教育においては，領域・教科を合わせた指導の形態として日常生活の指導があり，これに指導の力が注がれている。

これは，『盲学校，聾学校及び養護学校学習指導要領（平成11年3月）解説―各教科，道徳及び特別活動編』(2000)において，「日常生活の指導は，児童生徒の日常生活が充実し，高まるように日常生活の諸活動を適切に指導するものである」とされる。

生活単元学習

知的障害教育において，代表的な指導の形態である。『盲学校，聾学校及び養護学校学習指導要領（平成11年3月）解説―各教科，道徳及び特別活動編』(2000)において，「生活単元学習は，児童生徒が生活上の課題処理や問題解決のための一連の目的活動を組織的に経験することによって，自立的な生活に必要な事柄を実際的・総合的に学習するものである」と定義的に述べられている。

しかし，教育現場では，十分な理解のなされないままに実践されていることもしばしばみられる。

特別支援学級

従来の特殊学級にかえて，学校教育法第75条2において，「小学校，

中学校，高等学校及び中等教育学校には，次の各号のいずれかに該当する児童及び生徒のために，特別支援学級を置くことができる」として，1.知的障害者，2.肢体不自由者，3.身体虚弱者，4.弱視者，5.難聴者，6.その他障害のある者で，特別支援学級において教育を行うことが適当なもの，を挙げている。

また，第75条3において，「前項に掲げる学校においては，疾病により療養中の児童及び生徒に対して，特別支援学級を設け，又は教員を派遣して，教育を行うことができる」と規定している。

特別支援学校

学校教育法の改正（『官報』平成18年6月21日付）によって，その第1条において「学校とは，小学校，中学校，高等学校，中等教育学校，大学，高等専門学校，特別支援学校及び幼稚園とする」となり，学校の規定において，盲学校，聾学校，養護学校の名称が消えた。

また，第71条においては，「特別支援学校は，視覚障害者，聴覚障害者，知的障害者，肢体不自由者又は病弱者（身体虚弱者を含む。以下同じ。）に対して，幼稚園，小学校，中学校又は高等学校に準ずる教育を施すとともに，障害による学習上又は生活上の困難を克服し自立を図るために必要な知識技能を授けることを目的とする」と規定された。

特別支援教育

平成17年12月8日付の中央教育審議会『特別支援教育を推進するための制度のあり方について』（答申）によれば，「特別支援教育とは，障害のある幼児児童生徒の自立や社会参加に向けた主体的な取り組みを支援するという視点に立ち，幼児児童生徒一人一人の教育的ニーズを把握し，その持てる力を高め，生活や学習上の困難を改善又は克服するため，適切な指導及び必要な支援を行うものである」となっている。

ここからもわかるが，特別支援教育を実施するにあたっては，障害のある子ども一人ひとりの教育的ニーズを把握することが重要である。

平成19年4月1日から施行の，改正された学校教育法第75条において，「小学校，中学校，高等学校，中等教育学校及び幼稚園においては，教育上特別の支援を必要とする児童，生徒及び幼児に対し，障害による学習上又は生活上の困難を克服するための教育を行うものとする」と規定されており，特別支援学校や特別支援学級だけでなく，小学校から高等学校までの通常の学級や幼稚園においても特別支援教育が行われることになった。

バザー単元学習

主に製品の販売など，バザーの実施を目標として行われる学習活動が中心であり，原材料の収集活動，製作・生産活動，販売活動など，あらゆる活動が学習活動として位置づけられ，働く活動を中心に組織した総合単元であるといわれる。

1951年に東京都立青鳥中学で展開された「バザー単元」は超教科的な総合単元の典型といわれている。現在は，生活単元学習や作業学習の一形態として行われることが多い。

領域・教科を合わせた指導

知的障害児の教育において，領域別の指導，教科別の指導と並び，例示されているものである。

領域・教科を合わせた指導は，学校教育法施行規則第73条11第2項の規定で各教科等の全部又は一部を合わせた指導のことである。『盲学校，聾学校及び養護学校学習指導要領（平成11年3月）解説―各教科，道徳及び特別活動編』(2000)においては，日常生活の指導，遊びの指導，生活単元学習，作業学習が例示，解説されている。領域・教科を合

わせた指導は，知的障害の子どもの学習上の特性を考慮した指導の形態と考えられて，知的障害児を対象とした教育課程の編成においては教科と領域の指導内容の分類ではなく，この指導の形態，特に領域・教科を合わせた指導の形態を中心に教育課程が編成されることが多い。

〈文献〉
(1) 西谷三四郎，編（1969）『講座特殊学級経営2　学習指導』明治図書
(2) 太田正己（2005）「知的障害教育における教材の史的研究―文部省著作教科書の編修・刊行をめぐって」発達障害研究，27（4），p62-70
(3) 太田正己（2006）「生活単元学習に関する条件の変容の研究―知的障害養護学校学習指導要領解説における記述の分析から」発達障害研究，28（3），p42-51
(4) 大南英明（2000）『盲，聾，養護学校教育の基本用語辞典』明治図書
(5) 恒吉宏典，他編（1999）『授業研究重要用語300の基礎知識』明治図書
(6) 横須賀薫，編（1990）『授業研究用語辞典』教育出版
(7) 吉本　均（1986）『授業をつくる教授学キーワード』明治図書
(8) 吉本　均，編（1991）『教授学重要用語300の基礎知識』明治図書

おわりに

　優れた実践を残した先輩の教師たちは,「教師自身が学ぶこと」「常に研究を心がけること」の重要性を説いている。それは, そのような教師の姿勢こそが子どもの学ぼうとする心を育てるからである。
　このことは, わからないことを明らかにしたい, わかりたいという教師の努力が, 優れた実践を創り上げてきた源にある, ともいえる。
　「わかる」は, 物事を「分けること」から始まる。ある事象を別の事象から分けて, 名称をつける。そこに用語が成立する。教師から子どもへの働きかけをどのように分け, どのような名称をつけて呼ぶか。現在であれば, 新しく名称をつけることは少ないかもしれない。すでにある名称, 例えば, 授業, 発問, 説明, 指示等は, 実際に学校で行われる教師から子どもへの働きかけを表わしている。まずは, これらの用語と他の用語との区別を行うことである。そのことで, 授業という子どもへの教師の働きかけの特徴を捉え, よりよい授業をつくる方向や方法が見えてくるのである。
　この用語集を資料として, 各々の教師が自らの子どもへの働きかけ, かかわりを再確認し, よりよく授業を変革していってほしいものである。

　最後に, 本書では, 著者が参観させていただいた授業実践を多く取り上げ, 学ぶための資料とさせていただきました。
　参観させていただいた先生方, 学校へ感謝を申し上げます。

〈資料〉授業案書式（例）

○学部　○○授業案

日時：○年○月○日（曜日）
　　　00:00～00:00（○限目）
授業者名：
場所：
対象児童（生徒）：○学部○年○名

1. 単元（題材）名
2. 単元（題材）設定の理由
   1）児童観
   2）教材観
   3）指導観
3. 単元（題材）目標
4. 単元（題材）の指導計画（総時数○時間）
   第1次：………（○時間）
   第2次：………（○時間，本時○／○）
   第3次：………（○時間）
5. 個別の実態と目標

名前	実　　態	単元（題材）の目標	手　だ　て
A			
B			

〈資料〉

6. 本時案
   1) 全体目標：
   2) 個別の目標

名前	目　　標
A	
B	

   3) 指導過程

学習活動	指導上の留意点等			
	A男	B男	C子	全　体
1. ……する	課　題 ・(手だて)	課　題 ・(手だて)	課　題 ・(手だて)	・留意点

7. 準備物
8. 評価の観点
9. 座席表（会場図）

著者紹介

太田正己

　1953年生まれ。現在，皇學館大学社会福祉学部教授。京都教育大学名誉教授。博士（学校教育学）。元京都教育大学附属養護学校長。中央教育審議会専門委員（特別支援教育）。専門は，障害児教育方法。
　養護学校での十数年の教師経験を経たのち，大学に勤務。障害のある子どもたちの教育やその教育方法について教えている。障害のある子どもたちのいる学級での授業づくりや授業研究の方法の研究が専門で，教育現場に出かけ，授業参観や授業研究会を行い，RP法による授業コンサルテーションを行うなど，臨床的方法による研究を行っている。また，自閉症や知的障害の子どもたちの教育方法の歴史的研究にも取り組んでいる。
　授業づくり・授業研究に関わる主な著書：
『普段着でできる授業研究のすすめ―授業批評入門―』（明治図書，1994年）
『深みのある授業をつくる―イメージで教え，事実で省みる障害児教育―』（文理閣，1997年）
『自分の授業をつくるために―基礎用語から考える―』（文理閣，2000年）
『障害児のための授業づくりの技法―個別の指導計画から授業研究まで―』（黎明書房，2000年）
『自閉症児教育方法史（増補版）』（文理閣，2003年）
『障害児のための個別の指導計画・授業案・授業実践の方法』（黎明書房，2003年）
『名言と名句に学ぶ障害児の教育と学級づくり・授業づくり』（黎明書房，2003年）
『特別支援教育のための授業力を高める方法』（黎明書房，2004年）
『障害児と共につくる楽しい学級活動』（黎明書房，2005年）
『特別支援教育の授業づくり46のポイント』（黎明書房，2006年）
『特別支援教育の授業研究法―ロマン・プロセス法詳説―』（黎明書房，2007年）

授業案作成と授業実践に役立つ
特別支援学校の授業づくり基本用語集

2008年5月10日　初版発行

著　者	太田　正己
発行者	武馬　久仁裕
印　刷	株式会社　一誠社
製　本	協栄製本工業株式会社

発　行　所　　株式会社　黎明書房
〒460-0002　名古屋市中区丸の内3-6-27　EBSビル
☎052-962-3045　FAX052-951-9065　振替・00880-1-59001
〒101-0051　東京連絡所・千代田区神田神保町1-32-2
南部ビル302号　☎03-3268-3470

落丁本・乱丁本はお取替します。　　　ISBN978-4-654-01798-0
©M. Ohta 2008, Printed in Japan